सम्मा सती

The Right Mindfulness

डॉ. कमलेश मणि चौधरी

KAVYA
PUBLICATIONS

Publisher:

SDR INNOWAYS INDIA PVT. LTD.
667, Rajaward, Kulpahar, Mahoba - 210426

Imprint:
KAVYA PUBLICATIONS
Abhinav R.H.4, Awadhpuri, Bhopal - 462002

Centre
Kavya Publications
(Maxel Electronics) 8, 3rd floor DSIDC Shed SCHEME-1
Okhla phase -2, Delhi - 20.

Mob. : 7905266820, 9918801353
Website: www.kavyapublications.com
E-Mail: editor@kavyapublications.com
ISBN : 978-93-6431-279-0

Published Date : 2025

This book is printed at MTL and published by Ajay Agrawal, CEO of SDR Innoways India Pvt. Ltd. Kulpahar Mahoba with its imprint and centre, Kavya Publications Delhi.

भूमिका

मानव जीवन का सबसे अनमोल उपहार है, वर्तमान क्षण की पूर्ण चेतना लेकिन अधिकांश लोग या तो अतीत की स्मृतियों में उलझे रहते हैं या भविष्य की चिंताओं में खोए रहते हैं। इस भागदौड़ भरी दुनिया में, हम अपने भीतर की शांति और संतुलन को भूल जाते हैं।

यह पुस्तक सजगता (माइंडफुलनेस) की यात्रा में आपको आत्म–जागरूकता और आंतरिक शांति की ओर ले जाने का प्रयास करती है। इसमें ध्यान, स्वीकृति, और जागरूकता के माध्यम से जीवन को अधिक संतुलित, प्रेमपूर्ण, और आनंदपूर्ण बनाने की दिशा में मार्गदर्शन किया गया है। सजगता कोई सिद्धांत मात्र नहीं, बल्कि जीने की एक कला है, जो हमें हर क्षण को पूरी गहराई से जीने की प्रेरणा देती है।

इस पुस्तक में न केवल ध्यान और आध्यात्मिक जागरूकता के सिद्धांतों का उल्लेख किया गया है, बल्कि उन्हें अपने दैनिक जीवन में अपनाने के व्यावहारिक उपाय भी दिए गए हैं। यह पुस्तक आपको सिखाएगी कि कैसे अपने विचारों, भावनाओं, और क्रियाओं का साक्षी बनकर जीवन को नई दृष्टि से देखा जाए।

मेरी प्रार्थना है कि यह पुस्तक आपके मन, शरीर, और आत्मा को सजगता की रोशनी से आलोकित करे और आपको आंतरिक शांति व आनंद की अनुभूति कराए।

शुभकामनाओं सहित,
(डॉ० कमलेश मणि चौधरी)

प्राक्कथन

वर्तमान क्षण ही जीवन का सबसे शुद्ध रूप है।

क्या आपने कभी ध्यान दिया है कि हममें से अधिकतर लोग अपने जीवन का अधिकांश समय या तो अतीत की यादों में खोए रहते हैं या भविष्य की चिंताओं में उलझे रहते हैं? हमारे विचार अनवरत भटकते रहते हैं, और हम उस एकमात्र सत्य को भूल जाते हैं जो वास्तव में हमारे पास है...यह वर्तमान क्षण।

माइंडफुलनेस, यानी सजगता या सचेतना, केवल एक विचार नहीं, बल्कि एक जीवन शैली है। यह हमें सिखाती है कि कैसे हम अपने हर अनुभव को पूरी जागरूकता और पूर्ण स्वीकृति के साथ जी सकते हैं। यह कोई जटिल साधना नहीं, बल्कि स्वयं को और इस संसार को नए दृष्टिकोण से देखने की एक कला है।

इस पुस्तक के माध्यम से, आप सीखेंगे कि कैसे अपनी हर सांस, हर भावना, और हर विचार को संपूर्ण उपस्थिति के साथ स्वीकार किया जाए। यह न केवल तनाव और चिंता को दूर करने में सहायक होगी, बल्कि आपको आंतरिक शांति और संतुलन का अनुभव करने में भी मदद करेगी।

तो आइए, अपने भीतर के उस मौन और शांति से जुड़ें, जो हमेशा से हमारे भीतर विद्यमान है। यह यात्रा बाहर की दुनिया से भीतर की ओर जाने की एक ऐसी यात्रा है, जो अंततः हमें स्वयं से परिचित कराती है।

अब समय आ गया है कि हम अपने मन के भटकाव को रोकें और बस इस क्षण में रहने की कला को अपनाएँ। क्या आप तैयार हैं?

शाश्वत प्रेम के प्रतीक, मेरे पुत्र शशांक को समर्पित

प्रिय शशांक,

तुम मेरे जीवन का प्रकाश हो, वह दीपक जो हर अंधकार में उजाला फैलाता है। तुम्हारी निश्छल हंसी, तुम्हारी जिज्ञासा, और तुम्हारा प्रेम मेरे हृदय को हर दिन नया उत्साह देते हैं।

यह पुस्तक तुम्हारे लिए एक उपहार है। सचेतना (माइंडफुलनेस) की वह कला, जो जीवन को संतुलित, शांत और आनंदमय बनाती है। आशा है कि तुम अपने जीवन में हर क्षण को पूर्णता से जियो, हर अनुभव को खुले हृदय से स्वीकार करो, और अपने भीतर की असीम शक्ति को पहचानो।

तुम्हारे साथ मेरा यह प्रेम और आशीर्वाद सदा बना रहे।

स्नेह और आशीर्वाद सहित,
(डॉ० कमलेश मणि चौधरी)

आभार

यह पुस्तक केवल शब्दों का संग्रह नहीं, बल्कि उन अनुभवों, शिक्षाओं और मार्गदर्शन का परिणाम है, जिन्होंने मेरे जीवन को गहराई से प्रभावित किया है। सबसे पहले, मैं अपने माता–पिता का हृदय से आभार व्यक्त करता हूं, जिन्होंने मुझे प्रेम, धैर्य और करुणा का पाठ पढ़ाया। मेरे पिता की बुद्धिमत्ता और मेरी माता की ममता ने मुझे वह जड़ें दीं, जिनसे मैं मानसिक शांति और संतुलन की ओर बढ़ सका। यह पुस्तक लिखने की यात्रा में मेरी पत्नी अनामिका का अटूट सहयोग, प्रेम और प्रोत्साहन मेरी सबसे बड़ी शक्ति रहे हैं। उनकी संवेदनशीलता, धैर्य और स्नेह ने मुझे हर कदम पर प्रेरित किया है। उनके बिना यह संभव नहीं होता। हृदय से आभार और प्रेम।

मेरे मित्रों का भी धन्यवाद, जिन्होंने हर मोड़ पर मेरा साथ दिया, मेरी जिज्ञासाओं को सुना और मेरे विचारों को प्रोत्साहन दिया। उनका स्नेह और समर्थन इस यात्रा का अभिन्न हिस्सा रहा है। अंततः, इस पुस्तक को लिखने की प्रेरणा देने वाले, माइंडफुलनेस के जनक, महान बौद्ध संत थिच–न्हात–हान्ह को कोटि–कोटि नमन। उनकी शिक्षाओं ने मुझे वर्तमान क्षण में जीने की शक्ति दी, जीवन को गहराई से समझने की दृष्टि दी और इस पथ पर आगे बढ़ने की प्रेरणा दी। उनकी अमूल्य शिक्षाएँ इस पुस्तक के हर शब्द में प्रतिध्वनित होती हैं।

इस यात्रा में सहयोग देने वाले प्रत्येक व्यक्ति का मैं हृदय से आभारी हूँ। आशा है कि यह पुस्तक आपके जीवन में शांति, संतुलन और आत्मबोध की ओर एक कदम साबित होगी।

स्नेह और आभार सहित,
(डॉ० कमलेश मणि चौधरी)

विषय-वस्तु

अवलोकन पर टिप्पणियाँ

यदि आप कवि हैं तो आप स्पष्ट रूप से देख सकते हैं कि इस कागज के टुकड़े पर बादल तैर रहा है। बादलों के बिना बारिश नहीं हो सकती, पेड़ पानी के बिना नहीं बढ़ सकते और पेड़ों के बिना कागज नहीं बन सकता। यही वह जगह है जहाँ बादल हैं। इस पृष्ठ के अस्तित्व के लिए बादल की उपस्थिति आवश्यक है। बादल और कागज बहुत हद तक समान हैं।

पानी का प्रतिबिम्बन

पहाड़ की झील और आकाश को, झील के स्थिर, साफ पानी द्वारा पूरी स्पष्टता के साथ प्रतिबिंबित किया जाता है। आप भी ऐसा कर सकते हैं। यदि आप पर्याप्त रूप से स्थिर और सहज हैं, तो आप चंद्रमा और नीले आकाश को वैसे ही प्रतिबिंबित कर सकते हैं जैसे वे वास्तव में हैं। आप जो कुछ भी देखते हैं उसे बिल्कुल वैसा ही प्रतिबिंबित करते हैं जैसा वह है, बिना कुछ बदले।

धारणाओं की नदी

हममें से हर एक के भीतर धारणाओं की एक नदी है। धारणाएँ उभरती हैं, कुछ समय तक रहती हैं, और फिर गायब हो जाती हैं। जब हमारा मन सामंजस्य में नहीं होता तो हम स्पष्ट रूप से देखने में असमर्थ होते हैं। हम जो छवि देखते हैं, वह बहुत अस्पष्ट होती है, बहुत हद तक झील की सतह पर आये हुए बवंडर की तरह। हमारी धारणाएँ अक्सर गलत होती हैं, जो दूसरे लोगों को और हमें नुकसान पहुँचाती हैं। बिना किसी धारणा के हमारी धारणाओं की प्रकृति की बहुत विस्तार से जाँच करना वास्तव में लाभप्रद है। जब हम अति आत्मविश्वासी होते हैं, तो हम पीड़ित होते हैं। स्वयं से पूछना, क्या आप निश्चित हैं? हमें एक बार फिर से देखने और यह निर्धारित करने का अवसर देता है कि हमारा दृष्टिकोण सही है या नहीं।

संकेत या वास्तविकता

भले ही हम आश्वस्त हों कि हमारी धारणाएं सटीक और पूर्ण हैं, लेकिन अक्सर वह नहीं होतीं । जब हम किसी चीज को देखते हैं तो हमारे दिमाग में उसकी एक छवि बनती है—एक संकेत—और यह संकेत अक्सर भ्रामक होता है। किसी चीज के बारे में हमारी मानसिक छवि को उसकी वास्तविक स्थिति समझना बहुत आसान है। जब हमारी धारणाओं की बात आती है तो सावधानी बरतना बहुत जरूरी है।

साँप

कल्पना कीजिए कि शाम को घर के बाहर टहलने के दौरान आपको साँप दिखाई देता है। आप सभी घर के बाहर टॉर्च लिए चिल्लाते हैं और अपने दोस्तों को बुलाने के लिए अंदर भागते हैं। हालाँकि, जब आप उस पर रोशनी डालते हैं तो आपको पता चलता है कि साँप सिर्फ रस्सी का एक टुकड़ा है। रस्सी को साँप समझना एक गलत धारणा है। माइंडफुलनेस का अभ्यास करके हम अपनी गलत धारणाओं में फंसने से बच सकते हैं।

चीजों को उनकी वास्तविक स्थिति के अनुसार देखना

चीजों के वास्तविक सार को देखने के लिए सूक्ष्मता से देखना और अपनी गलत धारणाओं को भूल जाना ही पूर्ण जागरूकता का अभ्यास है। यदि हम रस्सी को साँप समझें तो हम डर से चीख सकते हैं। डर एक ऐसी अनुभूति है जो हमारी गलत धारणा से उत्पन्न होती है। धारणाएँ अक्सर गलत होती हैं, तीव्र भावनाएँ पैदा कर सकती हैं, कई प्रतिक्रियाएँ उत्पन्न कर सकती हैं और अनावश्यक पीड़ा का कारण बन सकती हैं। जैसे ही हम अपने डर की वस्तु की वास्तविक प्रकृति को समझ लेंगे, हमारा डर दूर हो जाएगा।

हमारी धारणाओं का स्रोत

हमारा अचेतन मन धारणा का मूल हैं। हमारी अधिकांश धारणाएँ गलत हैं। वे अपने साथ व्यक्तिपरकता की सभी गलतियाँ लेकर आती हैं। हमारी धारणाएँ निर्धारित करती हैं कि हम खुश हैं या दुखी, प्रशंसा करते हैं या दोष देते हैं। कई कारक हमारे विचारों को प्रभावित करते हैं, जैसे बीमारियाँ, इच्छाएँ, क्रोध, और साथ ही हमारी अज्ञानता, आदतन–ऊर्जाएँ और पूर्व के अनुभव यह निर्धारित करने में एक प्रमुख भूमिका निभाते हैं कि हम खुश हैं या पीड़ा में हैं। अपने विचारों की बारीकी से जाँच करना और उनके मूल की पहचान करना महत्वपूर्ण है।

सौभाग्य या दुर्भाग्य?

एक दिन जब एक किसान खेत में गया, तो उसने पाया कि उसका घोड़ा भाग गया है। ''ओह, क्या दुर्भाग्य है!'' गाँव के लोगों ने कहा। जब वह अगले दिन दो और घोड़ों के साथ लौटा, तो गाँव वालों ने कहा, ''वाह ! क्या सौभाग्य है!'' फिर किसान के बेटे को एक घोड़े से नीचे गिरने के बाद पैर में चोट लग गई। तब गांव वालों ने फिर सहानुभूति जताई और कहा ''अफसोस है!'' जब युद्ध छिड़ा और गाँव के नौजवानों को फौज में भर्ती किया जा रहा था, तो किसान का बेटा अकेला ऐसा व्यक्ति था जिसे घोड़े पर नहीं चढ़ पाने के कारण उसका आवेदन अस्वीकार कर दिया गया था। किसान को अब गाँव वालों ने बताया कि उसके बेटे का टूटा हुआ पैर वास्तव में सौभाग्य था। किसी भी घटना का मूल्यांकन करना असंभव है। जैसा कि यह प्राचीन कथा दर्शाती है। हर घटना के पूर्ण प्रभाव को समझने के लिए, आपको पूरे समय और स्थान की यात्रा करनी होगी। हर उपलब्धि में कुछ चुनौतियाँ शामिल होती हैं, और हर असफलता भविष्य में बड़ी अंतर्दृष्टि या सफलता की ओर ले जाती है। हर घटना अच्छी और बुरी दोनों होती है या यूँ कहें कि न अच्छी होती है, न ही बुरी होती है । अच्छे और बुरे, सौभाग्यशाली और दुर्भाग्यपूर्ण के ये विचार हमारे दिमाग में ही मौजूद होते हैं, वास्तविकता में इनका कोई अस्तित्व नहीं होता।

आपकी चाय में क्या है?

एक बादल के टुकड़े को वर्षा कि बूंदों में रूपांतरित होने कि कल्पना कीजिये। वर्षा कि बूंदों से अनेक पेड़–पौधों को पोषण प्राप्त होता है। हमे, विभिन्न प्रकार के पेड़ पौधों में उपलब्ध उस रूपांतरित बादल के टुकड़े को पहचानना चाहिए। वर्षा, बर्फ या हिम का गहराई से अवलोकन करने पर इन सभी में हम उस बादल के टुकड़े को पहचान सकते हैं। इसी प्रकार अपनी चाय कि प्याली में गहराई से झांकने पर हम उसी बादल के टुकड़े को देख सकते हैं। जब हम सपूर्ण जागरूक होकर अपनी चाय कि चुस्की लेते हैं तो हमे एहसास होता है कि वस्तुतः हम बादल के टुकड़े को ही पी रहे हैं। वाह ! जब बच्चे आइस क्रीम खा रहे होते हैं, तो वो भी बादल को खा रहे हैं। इसी प्रकार शनैः शनैः हम अपने आप को, एक दृष्टि से, गैर–भौतिक वास्तविकता को देखने के लिए प्रशिक्षित कर सकते हैं। इसका अर्थ यह है कि निराकार और संकेतहीन, चिन्हों से परे, गूढ़ वास्तविकता को छू पाना। यदि हमारे पास एकीकृत दृष्टि नहीं होगी तो हम चाय में, आइस क्रीम, वर्षा या पौधों में छिपे बादल को नहीं देख पाएंगे।

गुलाब की जांच करना

मान लीजिए कि हम एक गुलाब की गहराई से जांच करते हैं। थोड़ा ध्यान और जागरूकता के साथ, ध्यान दें, कि गुलाब पूरी तरह से गैर–गुलाब घटकों से बना है। गुलाब में हमें क्या दिखता है? हम एक बादल देख सकते हैं क्योंकि हम जानते हैं कि इसके बिना, कोई बारिश नहीं होगी, और बिना बारिश के एक गुलाब नहीं उग सकता। इसलिए, यदि हम गुलाब की गहराई से जांच करते हैं, तो हम एक बादल की पहचान कर सकते हैं, जो एक गैर–गुलाब तत्व है। इस प्रकार सूर्य का प्रकाश दिखाई देता है, जो गुलाब के विकास के लिए भी आवश्यक है। गुलाब में पाया जाने वाला एक और गैर–गुलाब घटक सूर्य है। यदि आप बादल और धूप को हटा दें तो कोई गुलाब नहीं बचेगा। यदि हम ऐसा करते रहें, तो हमें पता चलेगा कि गुलाब में कई अन्य गैर–गुलाब तत्व भी मौजूद हैं, जैसे खनिज, मिट्टी, किसान, माली, इत्यादि। जिस चमत्कार को हम गुलाब कहते हैं, वह ब्रह्मांड के एक साथ आने का परिणाम है। गुलाब अकेले नहीं रह सकता। एक गुलाब पूरे ब्रह्मांड के परस्पर संपर्क में रहता है। हम इस अनुभूति को अंतर–अस्तित्व कहते हैं। गुलाब की परख करते समय, हम वास्तव में इसकी वास्तविकता को महसूस कर सकते हैं। यदि हम गुलाब में योगदान देने वाले हर गैर–गुलाबी घटक को समझ सकते, तो हम किसी चीज की सच्ची वास्तविकता, उसकी गैर–स्व प्रकृति को छू सकते हैं, अगर हम देख सकते हैं कि यह ब्रह्मांड में मौजूद हर उस चीज से बना है जो स्वयं नहीं है, चाहे हम कुछ भी देखें। एक जेन कहावत है, इससे पहले कि मैं करीब से देखना शुरू करूँ, पहाड़ सिर्फ पहाड़ थे और नदियाँ सिर्फ नदियाँ थीं। एक बार जब मैंने गहराई से देखना शुरू किया, तो पहाड़ अब पहाड़ नहीं रहे और नदियाँ अब नदियाँ

नहीं रहीं। अब जब मैंने कुछ समय तक गहराई से देखने का अभ्यास किया है, तो पहाड़ फिर से पहाड़ हैं और नदियाँ फिर से नदियाँ हैं। जब हम घटनाओं की एकरूप प्रकृति को देखते हैं, तो हम चीजों को वैसे ही देखते हैं जैसे वे हैं।

संकेतों से परे

सब कुछ हमारे विचारों और दृष्टिकोणों से उत्पन्न होता है। धोखा व्यक्ति के बाहरी दिखावे से उत्पन्न होता है। डायमंड सूत्र में कहा गया है कि धोखा उस जगह मौजूद होता है जहाँ किसी चीज को संकेतों से पहचाना जा सकता है। दूसरे शब्दों में कहें तो, जहाँ भी धारणा मौजूद होती है, वहाँ धोखा दिया जाता है। हमारा लक्ष्य संकेतों से परे जाकर अधिक स्पष्ट रूप से समझना है। जब तक हम वास्तविकता में गहराई से नहीं उतरते और इसके अस्थायित्व और अंतर्संबंध की वास्तविक प्रकृति को नहीं खोजते, तब तक हम संकेतों से धोखा खाते रहेंगे। जब हम संकेतों, अवधारणाओं और धारणाओं से ऊपर उठ जाते हैं, तो हम परम वास्तविकता के संपर्क में होते हैं। बाहरी आवरण को आर–पार देखने कि क्षमता विकसित करने पर ही उसमे छिपा गूढ़ तत्त्व परिलक्षित होता है। जब हम संकेतों से धोखा नहीं खाते, तो हमारी धारणाएं अंतर्दृष्टि बन जाती हैं।

वस्तु एवं वस्तु की धारणा

जब हम किसी मेज के बारे में सोचते हैं तो हमारे दिमाग में एक मेज की छवि उभरती है। हालाँकि, हमें यह ध्यान में रखना चाहिए कि हमारा विचार वास्तविक वस्तु नहीं है। यह केवल हमारी व्याख्या है, जो मेज से काफी भिन्न हो सकती है। एक भौतिक विज्ञानी एक मेज को तेजी से चलने वाले कणों के संग्रह के रूप में देखेगा, जबकि एक दीमक इसे एक दावत के रूप में देख सकता है। जितना अधिक हम बारीकी से देखने का अभ्यास करेंगे, हमारी धारणाएँ उतनी ही सटीक हो सकती हैं। हालाँकि, वह अभी भी धारणाएँ ही कहलाएंगी।

सब कुछ संभव है

दूसरी शताब्दी में रहने वाले बौद्ध शिक्षक नागार्जुन के कहा, शून्यता का आभार !!! हर चीज संभव है। अस्व को शून्यता भी कहा जाता है। जब किसी चीज को शून्य कहा जाता है, तो वह, यह दर्शाता है कि उसमें एक अलग स्व का अभाव है। अस्व और अनित्यता वास्तविकता के दो पहलू हैं। अनित्यता स्थान के संदर्भ में वास्तविकता का दृष्टिकोण है, जबकि अनित्यता समय के संदर्भ में वास्तविकता का दृष्टिकोण है। जब हम भय की गहराई से जाँच करते हैं तो हम अपने परिवर्तन के डर और स्थायित्व की अपनी तड़प को देख सकते हैं। हालाँकि, अनित्यता और स्थायित्व बुरी इच्छाएं नहीं हैं। अनित्यता में निरंतर परिवर्तन शामिल है। परिणामस्वरूप, हम कह सकते हैं कि अनित्यता के कारण सब कुछ संभव है।

नाव

एक आदमी अपनी नाव को ऊपर की ओर चला रहा था। उसने देखा कि दूसरी नाव नीचे की ओर उसकी तरफ आ रही है, ''सावधान!'' वह चिल्लाया, लेकिन नाव सीधे उससे टकरा गई, जिससे उसकी नाव लगभग डूब ही गयी । आदमी अपना आपा खो बैठा और चिल्लाने लगा, लेकिन करीब से देखने पर उसने पाया कि दूसरी नाव खाली थी। वह नाव अपने आप ही नीचे की ओर बह गई थी। जब हमारी धारणाएँ गलत होती हैं तो वे अनावश्यक पीड़ा का कारण बन सकती हैं। धोखा खाने या अनावश्यक पीड़ा सहने से बचने के लिए, हम चीजों की बारीकी से जाँच करते हैं ताकि उनका वास्तविक चरित्र पता चल सके।

सब कुछ मन में है

हर परिघटना मन द्वारा गठित वस्तुनिष्ठ परिदृश्य है, गूढ़ वास्तविकता नहीं। जब हम किसी वस्तु को देखते हैं तो, वह वस्तु हमारी चेतना का केंद्र बिंदु होती है। किसी बोध को प्राप्त करने के लिए, एक बोधक और विचार की वस्तु दोनों का होना आवश्यक है। संसार केवल एक मानसिक रचना है। एक पहाड़ आपकी जागरूकता से अलग कुछ नहीं है, बल्कि, जब आप इसे देखते हैं तो यह आपकी दृष्टि और विचार की वस्तु होती है। आम तौर पर, हम मानते हैं कि हमारे पास एक आंतरिक व्यक्तिपरक चेतना है जो वास्तविकता के बाहरी संसार के साथ बातचीत कर रही है लेकिन, यह दृष्टिकोण गलत है। हमें यह पहचानना चाहिए कि विषय और बोध की वस्तु एक दूसरे पर निर्भर हैं और एक साथ दिखाई देते हैं।

अंतर्संबंध

एक दिन एक पेड़ के सामने योग का अभ्यास करते समय, मुझे लगा कि पेड़ के पास मेरे और पेड़ दोनों के लिए बहुत कुछ योगदान है। पेड़ मुझे ऑक्सीजन, छाया और सुंदरता प्रदान करता है। मैं पेड़ को अपनी खुशी, अपना आभार और अपनी साँसें देता हूं। पेड़ और मेरे बीच एक संबंध हैं। जो नहीं है उसकी कल्पना किए बिना या जो है उसे बढ़ा–चढ़ाकर बताए बिना, हम एक इंसान को ठीक उसी तरह से देख सकते हैं। कभी कभी हम आवश्यकता से अधिक उम्मीदें रखते हैं, तब हम जो देखते हैं उसे ही आदर्श मान लेते हैं। अगर हम बिना किसी अलंकरण या कल्पना के सत्य को वैसे ही स्वीकार कर लें, जैसा वह है, तो हम कम दुख भोगेंगे ।

संकेतों और वास्तविकता में भ्रम

किसी चीज के बारे में हमारी मानसिक छवि को उसकी वास्तविक स्थिति समझ लेना बहुत आसान है। चूँकि हमारी धारणाओं को वास्तविकता समझने की प्रक्रिया बहुत नाजुक होती है, इसलिए यह पहचानना चुनौतीपूर्ण हो सकता है कि यह कब हो रहा है। इस भ्रम को रोकने का तरीका माइंडफुलनेस का अभ्यास करना है।

मैं केंद्र से हूँ

1966 में, फिलाडेल्फिया में एक शांति प्रदर्शन में वियतनामी आध्यात्मिक गुरु टिक–नट–हन से एक रिपोर्टर ने पूछा, ''क्या आप उत्तर या दक्षिण वियतनाम से हैं?'' अगर वो दक्षिण से होने का दावा करते तो वह उन्हें अमेरिका समर्थक मानता और अगर वो उत्तर से होने का दावा करते तो वह उन्हें कम्युनिस्ट समर्थक मानता। टिक–नट–हन ने उससे कहा, ''मैं केंद्र से हूँ।'' वो चाहते थे कि वह उस सत्य का अनुभव करे जो सीधे उसके सामने था और अपने विचारों और विश्वासों को छोड़ दे। यह जेन की भाषा है।

शांति कि अनुभूति

सचेतना के साथ सांस लेने की तकनीक से सचेतनता से चलने और बैठने से, एक ऐसी ऊर्जा उत्पन्न करने का प्रशिक्षण मिलता है जो हमारी स्थिरता और शांति का समर्थन कर सकती है। जब हम स्वयं को शांति में स्थिर कर लेते हैं तो सब कुछ वास्तविक हो जाता है। हम पूर्णतया स्वयं में होते हैं। वर्तमान में उपस्थित और पूरी तरह से जीवित रहते हैं, और सब कुछ – पेड़, हमारा बच्चा, हमारा फूल, हमारे प्रियजन, और बाकी सब कुछ – अपनी सारी सुंदरता में खुद को हमारे सामने प्रकंट करते रहते हैं।

अवलोकन

सामान्य तौर पर, सही और गलत दृष्टिकोण होते हैं, लेकिन अगर हम करीब से देखें तो हम देख सकते हैं कि हर दृष्टिकोण गलत है। कोई भी दृष्टिकोण केवल एक पक्षीय दृष्टिकोण होता है। यही कारण है कि इसे दृष्टिकोण कहा जाता है। जब हम किसी अलग स्थान पर जाते हैं, तो हम चीजों को एक अलग कोण से देखते हैं और इस निष्कर्ष पर पहुँचते हैं कि हमारा पहला आकलन पूरी तरह से सटीक नहीं था। हमें अपने ज्ञान की सीमाओं को आगे बढ़ाते रहना चाहिए अन्यथा हमारी राय हमें सीमित कर देगी। हमें दोनों तरह के विचारों से मुक्त होना चाहिए। उदाहरण के लिए, भले ही हम स्थायित्व के विचार को खत्म करने में सक्षम हों, फिर भी हम अस्थायित्व के विचार में उलझ सकते हैं। इसीलिए हम कहते हैं कि सम्यक दृष्टि का अर्थ है सभी प्रकार के विचारों को हटाना, जिनमें अनित्यता, अ–स्व और अन्तर्सत्ता के विचार भी शामिल हैं।

माइंडफुलनेस और एकाग्रता

जागरूक होने की क्षमता को माइंडफुलनेस के नाम से जाना जाता है। यह हमारे आस–पास की चीजों के बारे में और हमारे अंदर चल रही हर चीज के बारे में, बिना किसी निर्णय के, जागरूकता प्रदान करता है। माइंडफुलनेस हमे वर्तमान पलों में, यहाँ और अभी, जीने में मददगार सिद्ध होती है, और यही आनंद का आधार है। जब हम माइंडफुलनेस का अभ्यास करते हैं, तो हम वर्तमान का आनंद ले सकते हैं। यही पल हमारे जीवन में एकमात्र उपलब्ध पल है। माइंडफुलनेस से हमारी ध्यान केंद्रित करने की क्षमता में सुधार होता है, जो हमें चीजों को अधिक स्पष्ट और गहन रूप से समझने में सक्षम बनाता है और हम गलत धारणाओं के शिकार नहीं होते। हम स्वयं एवं दूसरे लोगों के लिए पीड़ा का कारण नहीं बनते। हम रोजमर्रा के जीवन का आनंद लेने लगते हैं और इस आनंद से दूसरों कि सहायता कर उन्हें भी आनंद कि प्राप्ति होती है। हम लोगों को माइंडफुलनेस का अभ्यास करने के लिए मजबूर नहीं कर सकते, लेकिन अगर हम स्वयं माइंडफुलनेस का अभ्यास करें और अधिक खुश रहें, तो हम दूसरों को भी अभ्यास करने के लिए प्रेरित कर सकते हैं।

ठहरना और गहरे देखना

हम जो कर रहे हैं उसे रोककर और वह, जिसका हम पर्यवेक्षण कर रहे हैं, उसपर अपना पूरा ध्यान केंद्रित करना ही ध्यान से देखने का सबसे अच्छा तरीका है। ध्यान का उद्देश्य समस्याओं से बचना या कठिनाइयों से भागना नहीं है। हम चुनौतियों का सामना करने के लिए पर्याप्त रूप से मजबूत बनने का प्रयास करते हैं। इसे पूरा करने के लिए, हमें शांत, उत्साहित और दृढ़ होना चाहिए। इसलिए हमें रुकने का कौशल सीखना चाहिए। जब हम रुकना सीख जाते हैं तो हमारा दिमाग साफ हो जाता है और हम शांत हो जाते हैं। बैठ जाओ और ध्यान दो, भले ही कुछ ही मिनटों में हमारी सांसें पहले से ही अच्छी हो जाती हैं। रुकने से मन और शरीर वर्तमान क्षण में वापस आ जाते हैं। आप जो कर रहे हैं उसे रोकें और अपने दौड़ते विचारों को शांत करें। स्वाभाविक रूप से, आप अधिक केंद्रित और दृढ़ हो जाएंगे, और आपकी दृष्टि में सुधार होगा।

सपने से बाहर निकलना

यह देखना आसान होता है कि सपना वास्तविकता नहीं है। जब आप जाग रहे होते हैं, तो यह बताना इतना आसान नहीं होता कि क्या वास्तविक है। जिसे हम बाह्य वास्तविकता समझते हैं वह हमारे दिमाग का भ्रम मात्र हो सकता है। ज्यादा तर समय, हम नींद में चलते हैं। उदाहरण के लिए, हम ऐसे जीते हैं जैसे कि हमारा शरीर हमेशा के लिए है, भले ही हम बौद्धिक रूप से जानते हों कि हम क्षणभंगुर हैं और परिवर्तन के अधीन हैं। हम यह भी मानते हैं कि हम कभी नहीं मरेंगे। यद्यपि हम यह समझते हैं किएक पृथक स्व–अस्तित्व एक भ्रामक धारणा है तथापि हमारे ज्यादा तर विचार इस विचार पर आधारित होते हैं कि चीजों का एक स्व होता है । ऐसी सोच हमें सुरक्षा का एहसास देती है किन्तु वास्तविकता में यह एक गलत धारण है। । चूँकि वे अपने स्वयं के विचारों पर भरोसा नहीं करते, इसलिए कई दार्शनिक, वैज्ञानिक और आध्यात्मिक नेता परम सत्य की तलाश करते हैं। उन्हें ऐसा लगता है कि वे वास्तव में जागते हुए भी एक सपने में हैं। चूँकि हम सभी में माइंडफुलनेस का बीज होता है, इसलिए हम सभी उस सपने से जागने में सक्षम हैं।

अपना समय लेना

ध्यान हमारे शरीर और मन की देखभाल करने का एक अवसर है। यह बहुत महत्वपूर्ण है। ध्यान करना, जीवन से भागने का एक तरीका नहीं है, बल्कि खुद को या किसी स्थिति को गहराई से देखने के लिए समय निकालना है ताकि पता चल सके कि वास्तव में क्या चल रहा है। यह महत्वपूर्ण है कि हम खुद को आराम करने, बैठने, चलने और बिना कुछ किए सांस लेने के लिए समय दें। बस अपने आस–पास और हम जो हैं, उस पर वापस लौटें। हम खुद को मानसिक और शारीरिक तनाव से मुक्त होने का समय देते हैं। फिर हम अपनी वर्तमान परिस्थितियों पर चिंतन करने और जब हम सहज और शांत हों, तो खुद की गहराई से जांच करने के लिए कुछ समय ले सकते हैं।जब हमारा मन और शरीर शांत होता है तो हम स्थिति को अधिक स्पष्ट रूप से देख सकते हैं। हमारा दृष्टिकोण अस्पष्ट या विकृत नहीं होता।

नश्वरता

हम सभी के साथ कभी–कभी ऐसा होता है कि हम कुछ पढ़ते हैं और यह सोच कर खुद को मूर्ख बना लेते हैं कि, हम इसे समझ गए हैं। हालाँकि, जब हम इसे फिर से पढ़ते हैं तो पाते हैं कि हमने इसे पूरी तरह से नहीं समझा है या इसे बिल्कुल भी नहीं समझा है। यह बारीकी से देखने पर भी लागू होता है। हम मान सकते हैं कि यह देखना आसान है कि एक फूल नश्वर है, कि इसकी सुंदरता जल्दी ही फीकी पड़ जाएगी, और यह कि इसके फूल अंततः मुरझाकर मर जाएँगे। हम बौद्धिक रूप से फूल की नश्वरता को स्वीकार करते हैं। हालाँकि, जब हम अपनी बुद्धि का उपयोग करते हैं तो हम वास्तव में इससे जुड़ नहीं पाते हैं। हम नश्वर हैं। नश्वरता की अपनी अवधारणा से परे जाने के लिए, हमें इसकी प्रकृति में गहराई से उतरना चाहिए। सचेतना और एकाग्रता वे शक्तियां हैं जो हमें चीजों की वास्तविक प्रकृति को गहराई से समझने और अंतर्दृष्टि लाने में सक्षम बनाती हैं।

परिवर्तन का अवलोकन

एक बच्ची यह मान सकती है कि वह अपनी माँ से बिल्कुल अलग व्यक्ति है, लेकिन वास्तव में वह अपनी माँ की निरंतरता है, वह उसकी माँ है। हम खुद को उन रूपों से परे वास्तविकता को पहचानने के लिए प्रशिक्षित कर सकते हैं, जिन्हें हम समझने के आदी हैं। एक आम के पेड़ को देखते हुए, आप पहले आम कि गुठली को नहीं देख सकते हैं जो वास्तव में पेड़ का बीज है। लेकिन करीब से देखने पर, आप बीज को उसके नए रूप में देख सकते हैं। जैसे आम के पेड़ में समानता और विभिन्नताओं से परे हम सत्य को देखते हैं। इस तरह से अवलोकन करना एक गहन अभ्यास है।

जाने देना

हमारी ज्यादातर भावनाएँ और संवेदनाएँ सीमित धारणाओं और अपर्याप्त ज्ञान का परिणाम हैं। हम और हमारे प्रियजन जिस तरह से देखते हैं, सुनते हैं, प्रतिक्रिया करते हैं और निर्णय लेते हैं, उसके परिणामस्वरूप पीड़ित होते हैं। हम खुशी और दुख के बारे में अपने विचारों को जाने नहीं दे सकते, भले ही हम जानते हों कि ऐसा करने से हम शारीरिक और मानसिक रूप से ज्यादा खुश और सहज महसूस करेंगे, साथ ही अप्रिय संवेदनाओं और भावनाओं को अस्तित्व में रहने का एक कारण मिलेगा। हम अक्सर मानते हैं कि जो चीजें हमें खुशी देती हैं, अगर हम उन्हें जाने दें तो वे गायब हो जाएँगी। हालाँकि, इसका उल्टा भी सच है। जितना ज्यादा हम छोड़ देते हैं, हमे उतनी ही प्रसन्नता होती है। सब कुछ जाने देने का मतलब खुशी को जाने देना नहीं है। हम वास्तविकता को स्वीकार करने से इनकार करते हैं। लेकिन हम वास्तविकता के बारे में अपनी गलत धारणाओं को छोड़ देते हैं।

सही- दृष्टिकोण

हमारा दृष्टिकोण ही संसार को समझने का एक तरीका है, जो हमारी धारणाओं पर आधारित है। सही दृष्टिकोण द्वैतवादी जीवन से परे है और जीवन के सत्य का बोध कराती जीवंत अंतर्दृष्टि है। सही दृष्टिकोण ही अष्टांगिक मार्ग का पहला घटक है, जो सही भाषण, सही विचार और सही कार्य के लिए आधारशिला के रूप में कार्य करता है। यदि हमारे पास सही दृष्टिकोण नहीं है, तो हमारे विचार, भाषण और कार्य कम कुशल होंगे और दुख का कारण बनने की अधिक संभावना होगी। अष्टांगिक मार्ग के आठ घटक अन्योन्याश्रित हैं और एक दूसरे को पोषण देते हैं। उदाहरण के लिए, सही दृष्टिकोण सही सोच और सही भाषण का आधार है, जो सही दृष्टिकोण का भी समर्थन करता है। हमारे सही दृष्टिकोण का स्तर यह निर्धारित करता है कि हम कितने खुश हैं और साथ ही हमारे आस–पास के लोग कितने खुश हैं।

बीजों को पहचानना

हमारी सभी संभावित मानसिक स्थितियाँ बीज हैं जो हमारे अचेतन मन की जागरूकता में संग्रहीत हैं। सचेत रहने का अभ्यास करने से हम सभी बीजों को पहचान पाते हैं और सबसे स्वस्थ बीजों को पोषित कर पाते हैं। जब कोई हमारे पास आता है तो हमें विरूचि हो सकती है। हालाँकि, जब कोई और हमारे पास से गुजरता है तो हम तुरंत उसकी ओर आकर्षित हो सकते हैं। उनमें से हर एक हमारे अंदर एक बीज को छूता है। स्वाभाविक रूप से, अन्य लोगों के प्रति हमारी प्रतिक्रियाएँ प्रभावित होती हैं। यदि हमारा अपनी माँ के साथ एक मजबूत बंधन है, फिर भी जब हम अपने पिता के बारे में सोचते हैं तो तनावग्रस्त हो जाते हैं। इस प्रकार यह हमें अपने अंदर मौजूद बीजों को पहचानने की अनुमति देता है–अपने पिता के प्रति दुख के बीज और अपनी माँ के लिए प्यार के बीज। जब हम अपनी चेतना में छिपे बीजों के प्रति जागरूक हो जाते हैं, तो हम अपने व्यवहार या दूसरों के व्यवहार से आश्चर्यचकित नहीं होंगे।

हर बीज हमारे भीतर है

हमारी चेतना की गहराई में, हम सभी के पास सभी संभावित बीज होते हैं—सभी भावनाएँ, विचार और धारणाएँ जो हमारे पास हो सकती हैं—और हम सभी अच्छे और बुरे बीजों के बीच अंतर करने में सक्षम हैं। आप वफादार इसलिए हैं क्योंकि आप इस गुण के साथ पैदा हुए हैं। हालाँकि, यह मत मानिए कि आपके अंदर विश्वासघात का बीज नहीं है। यदि आप ऐसे वातावरण में रहते हैं जो आपके प्रेम के बीज को पर्याप्त रूप से पोषित करता है, तो आप एक प्रेमपूर्ण व्यक्ति बन जाएँगे। यदि आपके विश्वासघात के बीज को बढ़ने दिया जाए तो आप उन लोगों को भी धोखा दे सकते हैं जिन्हें आप प्यार करते हैं।

अच्छे बीजों को सिंचित करना

कभी–कभी हम अपने बच्चों को ऐसे व्यवहार करते हुए देखते हैं, जिसके बारे में हमें पता है कि बाद में उन्हें इससे नुकसान होगा, फिर भी जब हम उन्हें ऐसा न करने की सलाह देते हैं, तो वे हमारी बात अनसुनी कर देते हैं। हम बस इतना कर सकते हैं कि उनमें सही नजरिए के बीज बोएँ, और फिर बाद में जब हालात मुश्किल हो जाएँ, तो उन्हें हमारी मदद की जरूरत पड़ सकती है। चाहे हम आम का स्वाद कितना भी अच्छा क्यों न लें पाएं, हम इसे किसी ऐसे व्यक्ति को नहीं बता सकते जिसने कभी आम नहीं खाया हो। नहीं, हम इसे सीधे किसी दूसरे व्यक्ति के लिए अनुभव करने में असमर्थ हैं। उन्हें इसे स्वाद के जरिए खुद अनुभव करना होगा। जैसे ही हम एक भी शब्द बोलते हैं, वे कुछ और समझ जाते हैं। सही दृष्टिकोण का वर्णन करना असंभव है। हम बस इतना कर सकते हैं कि उन्हें सही रास्ते कि ओर इशारा कर दें। दृष्टिकोण का वर्णन नहीं किया जा सकता है। सही दृष्टिकोण एक शिक्षक द्वारा भी प्रचारित या प्रसारित नहीं किया जा सकता। शिक्षक मात्र एक सहायक ही हो सकता है जो हमारे बागीचे में सही दृष्टिकोण के बीज को पहचानने में हमारी मदद करे। सचेत होकर जीना, पौष्टिक बीजों को पोषित करने के लिए एक उपकरण के सामान है।

अंत-दृष्टि का बीज

हम सभी के पास ज्ञान का बीज होता है, लेकिन यह अज्ञानता, दुःख और निराशा की परतों में दबी होती है। जब हम माइंडफुलनेस के अभ्यास में लिप्त होते हैं तो हमें अपने साथ–साथ हर किसी में जागृति का बीज दिखता हैं। हममें से हर किसी के पास जागृति का बीज होता है। जब हम माइंडफुलनेस से जीते हैं, तो सही दृष्टिकोण प्रस्फुटित होता है। सही दृष्टिकोण के साथ, हम आगे का रास्ता देख सकते हैं, और हमारी धारणा, हमारे वास्तविक अनुभवों पर आधारित, हमें आशा और उत्साह प्रदान करती है। अगर चलित ध्यान हमें बेहतर महसूस कराता है, तो हम इसे करते रहने के लिए और अधिक प्रेरित होंगे। अगर हम देखते हैं कि यह दूसरों को शांति प्रदान करता है, तो हमें वॉकिंग मेडिटेशन में अधिक विश्वास होगा। अगर हमारे पास धैर्य है, तो हम अपने आस–पास के जीवन का आनंद खोज सकते हैं।

धारणाओं में विश्वास

एक युवा विधुर घर आया और देखा कि उसका घर आग से नष्ट हो गया है और उसका पाँच वर्षीय बेटा गायब है। पास ही एक बच्चे के जले हुए शरीर का ढांचा पड़ा था, जिसे वह अपना बेटा मान रहा था। उसने वीभत्स रूदन किया। बच्चे के दाह संस्कार के बाद, वह पूरे दिन और पूरी रात एक थैले में राख को डालकर अपने गले में लटकाए रखा। हालाँकि, उसका बेटा बच गया था क्योंकि उसे डाकू उठा ले गए थे । एक दिन वह भाग निकला और अगले दिन अपने पिता के नए घर में वापस आ गया। उसने देर रात दरवाजा खटखटाया। "कौन है?" पिता ने घर के अंदर से पूछा । "यह मैं हूँ, आपका बेटा"। "यह असंभव है। मेरा बेटा मर चुका है", पिता ने कहा। वह पिता अपने झूठे विश्वास पर अडिग रहा और दरवाजा नहीं खोला। अंत में लड़के को वहां से चले जाना पड़ा और पिता ने अपने बेटे को हमेशा के लिए खो दिया।

जब हम कुछ मान्यताओं को पूर्ण सत्य मानते हैं तो हम नए विचारों को ग्रहण करने में असमर्थ होते हैं। भले ही हम सत्य के सामने क्यों न हों, हम उसे अंदर नहीं आने देंगे। सत्य को अंदर आने का मौका देने के लिए हमें खुले रहना चाहिए। हमारी गलत धारणाएँ बहुत महंगी पड़ सकती हैं। वे अविश्वास, चिंता, क्रोध, घृणा और निराशा को जन्म देती हैं, जो सभी उस गलत धारणा से प्रेरित कार्यों को जन्म दे सकती हैं। अगर गलत दृष्टिकोण को खत्म कर दिया जाए, साथ ही अविश्वास, भय, क्रोध, घृणा और निराशा को भी खत्म कर दिया जाए तो खुशी वापस आ सकती है। जब दो व्यक्तियों के बीच विवाद होता है तो हमें रुककर अपनी धारणाओं की जांच करनी चाहिए। प्रभावी संचार, ध्यानपूर्वक सुनने और स्नेहपूर्ण बातचीत का अभ्यास करके, हम

गलत धारणाओं को दूर करने में एक–दूसरे की सहायता कर सकते हैं। यह बात लोगों और राष्ट्रों के बीच संघर्ष के लिए भी सत्य है।

दु:ख के बीज

जब हम किसी फूल को करीब से देखते हैं, तो हमें मिट्टी, बादल और माली जैसे गैर–पुष्प घटक मिल सकते हैं जो इसके प्रकट होने में सहायता करते हैं। साथ ही मिट्टी भी। जब हम इसे करीब से देखते हैं तो हम पाते हैं कि हम अपने दु:ख में अकेले नहीं हैं। यह कई गैर–स्वयं घटकों से भी बना है। हमारे माता–पिता, हमारा समाज और हमारे पूर्वजों ने हमारे अंदर दुख के कई बीज बोए हैं। हमारे दुख को बदलने का पहला कदम इसकी उत्पत्ति को जानना है।

क्या आपको विश्वास है?

हमें वास्तविकता की अपनी समझ की सटीकता पर भरोसा है। यह संभव है कि किसी की नफरत या हमें नुकसान पहुँचाने की इच्छा के बारे में हमारी धारणाएँ केवल मनगढ़ंत हों। इस धारणा पर काम करना काफी जोखिम भरा हो सकता है कि संसार की हमारी मानसिक छवि ही वास्तविकता है। एक गलत धारणा कई समस्याओं को जन्म दे सकती है। हमारा सारा दर्द वास्तविकता को स्वीकार करने में हमारी असमर्थता के कारण होता है। हमें विनम्रता से पूछना चाहिए। क्या मैं निश्चित हूँ? और फिर अपनी धारणाओं को और अधिक गहन और विशिष्ट बनने के लिए समय और स्थान दें। आजकल, चिकित्सा पद्धति में, डॉक्टर और देखभाल करने वाले एक–दूसरे को सलाह देते हैं कि किसी भी चीज के बारे में अत्यधिक निश्चित न हों, भले ही आपको लगता हो कि आप निश्चित हैं।

अपने गुणों और दोषों को पहचानना

यदि आप स्वयं का बारीकी से निरीक्षण करें तो आपको अपने माता–पिता और पूर्वजों से प्राप्त कुछ विशेष शक्तियाँ मिल सकती हैं। उन्होंने ये शक्तियाँ आपको दी हैं आप उनकी निरंतरता हैं। वे केवल आपकी नहीं हैं। हमें अत्यधिक गर्व नहीं करना चाहिए। आपके माता–पिता, पूर्वज और हमारे समाज ने भी आपके अंदर भय, क्रोध और भेदभाव की भावनाएँ भरी हैं। आपको निर्णय देने की आवश्यकता नहीं है। आपके माता–पिता और पूर्वजों ने अपने संघर्षों को आप तक पहुँचाया है क्योंकि वे अपनी सभी कमियों को बदलने में असमर्थ थे। अब आपके पास बदलने का अवसर है ताकि आप उन्हें अपने बच्चों तक न पहुँचाएँ। इस दृष्टिकोण से स्वयं और अन्य लोगों, दोनों के प्रति समझ, करुणा और परिवर्तन की इच्छा उत्पन्न होगी।

दूसरों को अपना आईना बनने दें

हमारे मित्र और परिवार आईने की तरह काम करते हैं। विनम्रता और खुलेपन के साथ अभ्यास करके, हम उन आईनों का उपयोग कर सकते हैं जो हमें महत्वपूर्ण प्रगति करने के लिए दिखाए जाते हैं। जब हम अपनी कमियों का सामना करेंगे और उन्हें दूर करने का तरीका समझेंगे तो हम हल्का महसूस करेंगे। जब हम खुद में कोई खास व्यवहार देखते हैं तो हम दूसरों से मदद मांग सकते हैं– प्रिय मित्र, प्रिय भाई, प्रिय बहन, कृपया मेरी मदद करें। कृपया मुझे बताएं जब आप देखें कि मैं विनम्र या सक्षम नहीं हूं। जब हम अपने मित्रों और परिवार से मदद मांगते हैं तो वे हमें बहुत सम्मान और स्नेह दिखाते हैं, और वे परिवार के अन्य सदस्यों को भी ऐसा करने के लिए प्रोत्साहित करते हैं।

संकीर्ण व्यक्ति

हमें अपने दुख से बचने का प्रयास नहीं करना चाहिए। अपने दर्द को स्वीकार करें और उस पर पूरा ध्यान दें। जब कोई बारीकी से देखेगा, तो समझ उभरेगी और करुणा खिलेगी। अगर हम पहले से ही अपने दुख को समझ चुके हैं, तो दूसरे व्यक्ति के दुख को समझना बहुत आसान होगा। अगर हम अपने भीतर की बीमारी की प्रकृति के बारे में जानते हैं, तो हमारे आस–पास की बीमारी की प्रकृति को समझना बहुत आसान होगा। भौतिक संपदा और तकनीक में इतने व्यस्त समाज में करुणा के लिए बहुत कम जगह है। करुणा और समझ से खुशी संभव है।

आपकी अपनी भागीदारी

इस बात की बारीकी से जांच करना कि हमने अपने दुख में किस तरह योगदान दिया है। इसका मतलब यह नहीं है कि हमारा दुख अवास्तविक है। हम इसे बढ़ाने के बजाय इसे कम करने की क्षमता रखते हैं, और हम इसे बदल भी सकते हैं। हमें इस बात की भी बारीकी से जांच करनी चाहिए कि जब हम किसी और के साथ विवाद में होते हैं तो हमने कठिनाई में किस तरह योगदान दिया है। हम उभरने में सक्षम हैं। हम स्वयं से यह सवाल पूछें कि ,किस तरह से मैंने इस स्थिति में योगदान दिया है? यह एक ऐसा सवाल है जिसका जवाब हम सभी को देना चाहिए। यह एक तरह की गहन जांच है जो उपचार और सुलह की ओर ले जा सकती है।

दोषारोपण न करना

हम चाहते हैं कि जब हम नींबू का पेड़ उगाएँ तो वह मजबूत और आकर्षक दोनों हो। हालाँकि, अगर वह फलता–फूलता नहीं है तो हम पेड़ को जिम्मेदार नहीं ठहराते। हम यह देखने के लिए उस पर नजर रखते हैं कि वह ठीक से क्यों नहीं बढ़ रहा है? शायद हमने इसे ठीक से संभाला नहीं है या ठीक से सेवा नहीं की। । जब मनुष्य ठीक से नहीं बढ़ रहे होते हैं तो हम उनकी आलोचना करते हैं, भले ही हमें पता हो कि नींबू के पेड़ को दोष देना अजीब होगा। हालाँकि, मनुष्य और नींबू के पेड़ इतने अलग नहीं हैं। अगर हम उन पर उचित ध्यान दें तो वे ठीक से विकसित होंगे। दोष देने से कभी कोई फायदा नहीं होता।

शांति कायम रहे

किसी पर क्रोध करना हमारी क्षतिग्रस्त भावनाओं का परिणाम है। उस व्यक्ति को बनाने वाले कई घटक हमारे लिए अदृश्य हैं। जब हम परेशान होते हैं, तो हम यह पहचानने में विफल हो जाते हैं कि वे अपने पूर्वजों से प्राप्त आदतन ऊर्जा के कारण ऐसा व्यवहार कर रहे हैं। अगर हम यह महसूस करते हैं तो हम उस व्यक्ति को अधिक आसानी से स्वीकार कर सकते हैं। यह हमारे विषय में भी सटीक है । जब हम खुद को देखते हैं, तो हम उन सभी चीजों को देख सकते हैं जो हमारे माता–पिता, पूर्वजों और परिवेश से हमें मिली हैं। हम दूसरों की आलोचना करना भी बंद कर सकते हैं और अपने आत्म–निर्णय और आलोचना को बहुत हद तक छोड़ सकते हैं। प्रतिदिन हमारे पूर्वज हमारे अंदर हमारे माध्यम से आगे बढ़ते हैं। इस समझ के साथ हम दूसरों से मिलने वाली कठिनाईआं दूर की जा सकती हैं एवं शांति स्थापित की जा सकती है।

एकतरफा सुलह

चूँकि हमें अक्सर अपने पिछले दुखों की याद दिलाई जाती है, इसलिए हम गलत धारणाएँ बनाने और ऐसे तरीके से काम करने के लिए प्रवृत्त होते हैं जो हमें और अधिक दुख पहुँचाते हैं। हम किसी से नाराज हो सकते हैं क्योंकि हमें लगता है कि वे हमें नुकसान पहुँचाने की कोशिश कर रहे हैं। यह दृष्टिकोण हमें क्रोधित करता है, और हम कुछ ऐसा कर सकते हैं जिससे सभी के लिए चीजें और भी खराब हो जाएँगी। वैकल्पिक रूप से, हम जागरूकता और समझ पैदा करने के लिए चलने और केंद्रित साँस लेने का उपयोग कर सकते हैं और साथ ही खुद को शांत भी कर सकते हैं। जब हम साँस अंदर और बाहर लेते हैं, तो हम स्वीकार करते हैं कि हम और दूसरा व्यक्ति दोनों ही पीड़ित हैं और हमारे विचार गलत हैं। इस अहसास के साथ ही उपचार शुरू होता है। भले ही दूसरा व्यक्ति अभी तक यह नहीं जानता हो कि अपने दुख को कैसे पहचानें और उससे कैसे निपटें, फिर भी आपके ज्ञान का उन पर प्रभाव पड़ेगा। सुलह एकतरफा हो सकती है।

अंत–दृष्टि का हस्तक्षेप

क्रोध एक स्वाभाविक, जन्मजात भावना है। प्रेम भी वैसा ही है। जैसे हम अपने खाद को एक सुंदर गुलाब में बदल सकते हैं जब हम जानते हैं कि इसकी देखभाल कैसे करनी है, वैसे ही हम अपने क्रोध को प्रेम में बदल सकते हैं यदि हम जानते हैं कि इसे कैसे प्रबंधित करना है। कचरा एक अच्छी या बुरी चीज है? अगर हम जानते हैं कि इससे कैसे निपटना है, तो यह रचनात्मक हो सकता है। क्रोध के साथ भी ऐसा ही है। हमें इसे त्यागने की जरूरत नहीं है। हमारे पास लोगों के बारे में एक अलग दृष्टिकोण है और करुणा तब उभरती है जब हम उनकी पीड़ा को समझ सकते हैं और उनकी परिस्थितियों को समझ सकते हैं। हमारा क्रोध करुणा में बदल जाता है, और हम अब दूसरे व्यक्ति को दंडित नहीं करना चाहते हैं। अपनी अंतर्दृष्टि के कारण हम अपनी गलत धारणाओं को सुधार सकते हैं। क्रोध, भय और निराशा के बजाय, हमारे पास करुणा और दूसरे व्यक्ति की मदद करने की इच्छा है।

क्षमा

जब आप किसी और के व्यवहार के सभी कारणों को देख सकते हैं तो स्वाभाविक रूप से क्षमा का उदय होता है। आप खुद को माफ माफ करने के लिए बाध्य नहीं कर सकते, जबतक आप सामने वाले शख़्स की मनोदशा नहीं समझ लेते। एक बार जब आप यह समझ लेते हैं की किन परिस्थितियों में उस व्यक्ति ने ऐसा बर्ताव किया। तब उसके अंदर करुणा उत्सर्जित होती है और आप उसे क्षमा कर देते हैं। किसी को पीड़ित देखने का परिणाम माफी है, जो चेतना और अंतर्दृष्टि का उत्पाद है। जब आप किसी के संघर्ष और दर्द को समझते हैं तो आप उसे सहन कर सकते हैं और यहाँ तक कि उससे प्यार भी कर सकते हैं।

‘वह’ ‘इस’ का कारण है

अंतर–अस्तित्व के मूल तत्व को समझने के लिए, किसी को यह पहचानना होगा कि यह इसके समान है क्योंकि यह उसके समान है। कारण और परिस्थितियाँ हर चीज का कारक हैं। यह होता है क्यूंकि वह होता है । एक माँ के अस्तित्व के लिए एक बच्चे का अस्तित्व होना चाहिए और अगर बच्चा है, तो माँ का मौजूद होना जरूरी है। यह अंतर्संबंध ही एकमात्र तरीका है जिससे हम अस्तित्व में हैं। इस अहसास के साथ, हम अधिक स्पष्ट रूप से देख सकते हैं और अधिक कुशलता से काम कर सकते हैं। ऐसा इसलिए नहीं है क्योंकि यह नहीं है, ऐसा इसलिए है क्योंकि यह है। यह अंतर्अस्तित्व की अंतर्दृष्टि है। कुछ भी अपने आप अस्तित्व में नहीं रह सकता। संसार परस्पर जुड़ी चीजों का एक नेटवर्क है।

संदेह

संदेह मददगार हो सकते हैं । संदेह के बिना, आपको चीजों की वास्तविक प्रकृति की खोज करने का अवसर नहीं मिलेगा। जेन बौद्ध धर्म का मानना है कि जितना अधिक संदेह आपमें होगा, आप उतने ही अधिक प्रबुद्ध होंगे। इस प्रकार, संदेह एक अच्छी चीज हो सकती है। यदि आप अति आत्मविश्वासी हैं और हमेशा दृढ़ विश्वास रखते हैं, तो आप लंबे समय तक किसी गलत धारणा में फंस सकते हैं।

खुशी की हमारी अवधारणा

हमारे पास खुशी के बारे में एक धारणा है। हम सोच सकते हैं कि हममें से केवल कुछ चुनिंदा लोग ही संतुष्ट हैं। हालाँकि, परिस्थितियाँ अक्सर हमें खुशी की हमारी अवधारणा के कारण खुश होने से रोकती हैं। खुशी पहले से ही मौजूद है और हमारे भीतर और बाहर दोनों जगह सुलभ है। हमारे फेफड़े सांस ले सकते हैं, हमारे पैर चल सकते हैं, और हमारी आँखें देख सकती हैं। धूप, स्वच्छ हवा, पेड़, और हमारे चारों ओर रंगों और आकृतियों की विविधता जीवन के सभी चमत्कार हैं जो अभी उपलब्ध हैं। सबसे महत्वपूर्ण बात जागरूकता है। हम अपनी आँखें खोलकर देख सकते हैं।

अपने प्रियजन से भेंट

हम में से हर कोई गलतफहमी का शिकार है। हम जिस व्यक्ति से प्यार करते हैं, उसके बारे में हमारे मन में कई गलत धारणाएँ होती हैं और हम वास्तविक जीवन में उनके साथ रहने की तुलना में उनकी छवि से ज्यादा प्यार करते हैं। जब हम किसी की वास्तविकता के बारे में जानना शुरू करते हैं, तो हम अक्सर निराश हो जाते हैं, जो हमेशा उनके बारे में हमारी धारणा से मेल नहीं खाती। हमें अपनी कमियों को समझने और स्वीकार करने के लिए खुद की आलोचनात्मक और सहानुभूतिपूर्वक जाँच करनी चाहिए। केवल जब हम खुद को समझदारी और करुणा के साथ गले लगा सकते हैं, तो क्या हम उस व्यक्ति को स्वीकार कर सकते हैं और उसके साथ धैर्य और करुणा रख सकते हैं जिसे हम प्यार करते हैं। यही वह समय है जब सच्चे प्रेम का अभ्यास शुरू होता है, जब हम दूसरे व्यक्ति को वैसे ही समझना और स्वीकार करना सीखते हैं जैसे वे हैं।

प्रेम को बनाए रखना

जब हम एक–दूसरे को करीब से देखते हैं, तो हम न केवल अपनी अंतरतम आशाओं और चिंताओं को देख सकते हैं, बल्कि अपने अकेलेपन, दर्द और चिंताओं को भी देख सकते हैं। करुणा और समझ तब पनपती है जब हम खुद और दूसरों द्वारा अनुभव की गई पीड़ा को पहचानते और समझते हैं। हम इन दो शक्तियों द्वारा रूपांतरित और स्वस्थ हो सकते हैं। यह हमारे प्रेम को मजबूत बनाए रखने की कुंजी है। हम देखते हैं कि भोजन के बिना संसार में कुछ भी अस्तित्व में नहीं रह सकता। यह प्रेम पर भी लागू होता है। हमें सीखना चाहिए कि करुणा और समझ की ऊर्जा के साथ अपने प्रेम को कैसे पोषित किया जाए, क्योंकि इसकी सुंदरता के बावजूद, यह क्षणभंगुर है।

मन और शरीर एक हैं

जो कुछ भी शरीर के साथ होता है, वही मन के साथ भी होता है। जब हम शरीर को उपभोग की वस्तु, इच्छा की वस्तु के रूप में देखते हैं, तो हमने शरीर को सही मायने में नहीं देखा है। हमारे अपने शरीर और दूसरे के शरीर के साथ अत्यंत सम्मान से पेश आना चाहिए। शरीर उतना ही पवित्र है जितना की मन। जब हम किसी दूसरे के शरीर को छूते हैं, तो हम उसके मन और उसकी आत्मा को छूते हैं।

खुशी और लालसा की प्रकृति

हमारी धारणाएँ और इच्छाएँ हमारे दर्द का एक बड़ा हिस्सा निर्धारित करती हैं। जब भी हमें वह नहीं मिलता जो हम चाहते हैं, तो हम पीड़ित होते हैं। हालाँकि, वास्तविकता यह है कि जब हम अपने लक्ष्य प्राप्त कर लेते हैं, तब भी हम और अधिक पीड़ा सहते हैं। शायद यह वह नहीं है जिसकी हमें उम्मीद थी, यह योजना के अनुसार काम नहीं करता है, या यह हमारे जीवन के किसी अन्य पहलू को नकारात्मक रूप से प्रभावित करता है। जो हम चाहते थे उसे प्राप्त करने के बाद, हम कभी–कभी उसे संजोना बंद कर देते हैं और कुछ अलग चाहते हैं। लोग अक्सर खुशी को बहुत अधिक कामुक प्रसिद्धि, भाग्य, शक्ति और सुखों से जोड़ते हैं। लेकिन हम जानते हैं कि इन वस्तुओं की लालसा बहुत दुख ला सकती है। इसलिए हमें खुशी के बारे में एक बहुत अलग समझ रखने की जरूरत है। अगर हम अपने अंदर शांति की खेती करते हैं तो स्पष्टता, करुणा और साहस पैदा होगा। हमें अपनी लालसा की वस्तु की वास्तविक प्रकृति को देखने के लिए गहराई से देखना होगा। जब हम इसे स्पष्ट रूप से पहचान लेंगे तो इसका आकर्षण खत्म हो जाएगा और हम मुक्त हो जाएँगे।

माइंडफुलनेस हमारी रक्षक

चाहे हम चाहें या न चाहें, हम शहर में गाड़ी चलाते समय लगातार चीजें खाते रहते हैं। विज्ञापन हमारी चेतना और हमारी चेतना में प्रवेश करते हैं, और बच्चे इन विषाक्त उपभोग के स्रोतों को फिल्टर करने में हमसे भी कम सक्षम हैं। आज की संसार में, हम बहुत सारी रोमांचक छवियों, ध्वनियों, फिल्मों, टीवी शो और लेखों के संपर्क में आते हैं जो या तो माइंडफुलनेस को उत्तेजित करते हैं या डर और निराशा का कारण बनते हैं, और हम उनके लिए तरसते हैं। जागरूकता एक ढाल है जिसके बिना दृश्य एवं ध्वनि का प्रहार सीधे हमारे अंदर प्रवेश कर हमारे सचेतन को दूषित कर सकते हैं। अतः माइंडफुल्नेस के साथ हमारा बचाव होता है और हमारी इन्द्रियों के माध्यम से हमारे भीतर क्या प्रवेश कर रहा है , इसकी जागरूकता बढ़ती है।

व्यक्तिगत और सामूहिक चेतना

हम विचार पैटर्न से प्रभावित होते हैं और हम दूसरे लोगों की राय को कई तरह से ग्रहण करते हैं। सामूहिक चेतना व्यक्तिगत चेतना से बनी होती है, जबकि व्यक्तिगत चेतना सामूहिक जागरूकता से बनी होती है। हमारा पर्यावरण हमारी चेतना द्वारा निर्मित होता है।

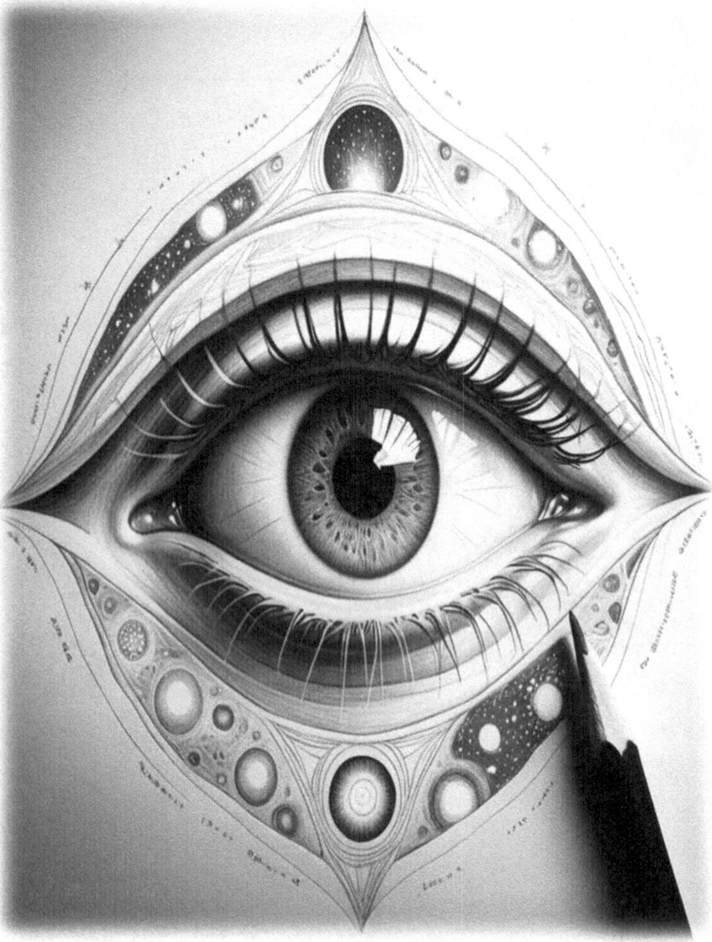

लेबल से परे देखना

कभी–कभी लोगों के पास चीजों को देखने का एक निश्चित विचार या तरीका होता है, और वे आपको एक बॉक्स में रखना चाहते हैं। लेकिन क्या होगा अगर आप उनकी किसी भी श्रेणी में फिट नहीं होते? हमारे लिए वास्तविकता ही मायने रखती है, न कि किन शब्दों से उसका वर्णन किया गया है। नाम सिर्फ एक पारम्परिक पदनाम है, यह अपने आप में वास्तविकता नहीं है।

वास्तविकता का मार्ग

हमारे पास वास्तविकता तक, यथार्थ तक, चीजों तक जैसी वे हैं, भण्डार चेतना के भीतर सीधी पहुँच है। हम अक्सर पिछले अनुभवों के आधार पर आसक्ति या विरक्ति महसूस करते हैं, जो हम अनुभव करते हैं उसे भण्डार चेतना में पहले से मौजूद बक्सों के अनुसार वर्गीकृत करते हैं। वर्तमान की तुलना अतीत में हमने जो अनुभव किया है और उसे पहचानने लगते हैं, और नई जानकारी को हमारे अंदर पहले से मौजूद पुराने रंगों से रंगते हैं। इन कारणों से, हमारे पास वास्तविकता तक, चीजों तक, जैसी वे हैं, भण्डार चेतना के भीतर सीधी पहुँच शायद ही कभी होती है।

सार्वभौमिक पाँच

विषय और अनुभूति की वस्तु के बीच, या पर्यवेक्षक और अवलोकन की वस्तु के बीच प्रत्येक अंतःक्रिया, पर्यवेक्षक की चेतना में एक बीज को पोषित करती है और प्रतिक्रिया का कारण बनती है। संपर्क पाँच मानसिक अवस्थाओं या संरचनाओं में से एक है जिसे सार्वभौमिक कहा जाता है, क्योंकि वे लगातार सक्रिय रहते हैं और हमारी चेतना में मौजूद रहते हैं। भावनाएँ, ध्यान, धारणा और इच्छाशक्ति अन्य चार हैं। जब वे संयुक्त होते हैं तो एक न्यूरोनल मार्ग बनाते हैं। उदाहरण के लिए, जब हमारी आँखें साँप जैसी दिखने वाली किसी चीज को देखती हैं, तो हमारा ध्यान उस ओर जाता है। हम डर सकते हैं और भागना चाह सकते हैं। यह सब इतनी तेजी से होता है कि हम इसके बारे में पता नहीं चलता।

आदत ऊर्जा

हमारे मस्तिष्क में कई तंत्रिका तंत्र होते हैं जिनके साथ हम अक्सर यात्रा करते हैं । ध्यान, एकाग्रता और अंतर्दृष्टि के अभ्यास के साथ, हम संपर्क और एक नई इच्छा के बीच के चरणों के अनुक्रम में हस्तक्षेप कर सकते हैं, और तंत्रिका तंत्र को खोल सकते हैं जो आदतन, हमारी स्वचालित प्रतिक्रिया को प्रतिस्थापित करता है, एक नया मार्ग जो हमें एक अलग मार्ग पर ले जाता है, जो अधिक समझ और कल्याण की ओर ले जाता है।

धारणाओं का मूल्यांकन

यह मानना संभव है कि कोई व्यक्ति आपको नुकसान पहुँचाने की कोशिश कर रहा है जब वे कुछ ऐसा कहते या करते हैं जिससे आपको बुरा लगता है। हालाँकि, यह वास्तविकता नहीं हो सकती है। शायद उन्हें पिछली रात पर्याप्त नींद नहीं मिली, या वे बस ध्यान नहीं दे रहे थे। उनके शब्दों या व्यवहार से आपको यह एहसास हो सकता है कि वे आपके साथ बुरा व्यवहार कर रहे हैं, कि वे वास्तव में निर्दयी हैं, और यह दृष्टिकोण आपको कुछ अप्रिय कहने के लिए प्रेरित कर सकता है। हम अक्सर किसी ऐसे व्यक्ति को दंडित करने के लिए कुछ और भी क्रूर कहना चाहते हैं जिसे हम क्रूर मानते हैं क्योंकि हमें लगता है कि ऐसा करने से हमारी अपनी पीड़ा कम हो जाएगी। हालाँकि यह समझदारी नहीं है, लेकिन हममें से अधिकांश लोग इसी तरह प्रतिक्रिया करते हैं। इसलिए हमें अपनी धारणाओं की जांच करने की आवश्यकता है। हम दूसरे व्यक्ति से मदद मांग सकते हैं।

एक नया तंत्रिका मार्ग

मान लीजिए कि आप कोई स्वादिष्ट व्यंजन खाने के लिए हाथ बढ़ा रहे हैं। चूँकि आप सचेत रहने का अभ्यास करते हैं, इसलिए आपको तत्काल एहसास होता है कि आप क्या कर रहे हैं, मैं उक्त व्यंजन के लिए क्यों हाथ बढ़ा रहा हूँ? जब मुझे भूख ही नहीं लगी। हम अपनी साँस को थामने के लिए रुकते हैं। एक साँस अंदर लेने का बहुत गहरा असर हो सकता है। आप पा सकते हैं कि आप चिंतित, अकेला या चिढ़े हुए महसूस कर रहे हैं, और आपकी पहली प्रवृत्ति अप्रिय अनुभूति को छिपाने के लिए भोजन की ओर हाथ बढ़ाना है। इस आदत के परिणामस्वरूप आपके मस्तिष्क ने एक तंत्रिका मार्ग विकसित किया है, जिसके परिणामस्वरूप अक्सर दुख होता है। ध्यान केंद्रित करना, मानसिक स्पष्टता लाना। और आप एक नया तंत्रिका मार्ग विकसित कर सकते हैं जो धारणा प्रक्रिया को समझकर अंतर्दृष्टि और अधिक खुशी की ओर ले जाता है।

भेदभाव रहित

भेदभाव रहित ज्ञान मेरे दाहिने हाथ में है। इसे दायाँ हाथ कहा जाता है, इसमें पाँच उंगलियाँ हैं। मैं अपने बाएँ हाथ को बायाँ हाथ कहता हूँ, और इसमें पाँच उंगलियाँ हैं। मेरा दायाँ हाथ सुलेख का अभ्यास करने, घंटी बजाने और मेरी सभी कविताएँ लिखने में सक्षम है–एक को छोड़कर–जब मेरे पास कलम नहीं थी और मुझे एक पुराना लिफाफा पकड़े हुए दोनों हाथों से टाइप करने के लिए उधार लिया गया टाइपराइटर इस्तेमाल करना पड़ा था। मेरे दाहिने हाथ में कोई श्रेष्ठता की भावना नहीं है। प्रिय बायाँ हाथ, मैं देख रहा हूँ कि तुम बहुत उपयोगी नहीं हो, यह कभी नहीं कहता। मैं उन सभी कविताओं का लेखक हूँ। यह भेदभावपूर्ण नहीं है। यह मेरे बाएँ हाथ के साथ अच्छी तरह से चलता है। वे कभी झगड़ा नहीं करते।

गलत धारणा की कीमत

एक युवा व्यक्ति जिसे मैं जानता हूँ, उसे एक बहुत ही गलत धारणा के परिणामस्वरूप कष्ट उठाना पड़ा। जब उसके पिता यात्रा से घर लौटे, तो उन्हें पता चला कि उनकी बहू पेट से है। । उन्हें शक हुआ की वह बच्चा पडोसी का है, जो उसके परदेस में रहने पर बार बार उसकी बहू की मदद किया करता था। पिता ने यह मान लिया कि पडोसी ही बच्चे का पिता है । वह अपनी पत्नी से विमुख और अलग–थलग हो गया। उसकी पत्नी को नहीं पता था की ऐसा क्यों हो रहा है। उसे बहुत दर्द सहना पड़ा। बच्चे का पालन–पोषण अविश्वास और गलतफहमी के माहौल में हुआ। उसके चाचा ने टिप्पणी की कि जब वह बारह साल का था, तो वह बच्चा बिल्कुल अपने पिता जैसा दिखता था। उन्होंने उसके बाद तक उसे अपने पिता के बेटे के रूप में स्वीकार नहीं किया। लेकिन इन सभी वर्षों में पूरे परिवार को बहुत नुकसान हुआ है, और नुकसान की सीमा अब भी सामने आ रही है। गलत धारणा काफी महंगी पड़ सकती है।

हमारे दैनिक जीवन में, हमें चीजों को अधिक स्पष्ट रूप से समझना सीखना चाहिए और जितना हो सके गलत धारणाओं से दूर रहना चाहिए। दूसरे व्यक्ति से यह पूछना कि क्या हमारी धारणा सही है, कुछ ऐसा है जो हमें लगातार करना चाहिए। अपने अभिमान के कारण, पिता में अपनी पत्नी से संपर्क करने की हिम्मत नहीं थी। सच्चे प्यार में अभिमान का कोई स्थान नहीं होता। अगर आपको कोई संदेह है तो दूसरे व्यक्ति से कहें–मैं पीड़ित हूँ। कृपया सहायता करें। कृपया मुझे बताएं कि आपने ऐसा क्यों कहा या किया। इस माता–पिता की तरह न बनें और खुद को, अपने प्रियजनों को और कई

अन्य लोगों को दर्द न पहुँचाएँ। क्या आप निश्चित हैं? पूछें। क्या आपकी धारणाएँ सही हैं? अपने वर्तमान दृष्टिकोण को व्यक्त करने के लिए तैयार रहें। यदि आप अपने विचारों की पुनः जांच और अन्वेषण करने के लिए तैयार हैं, तो आप बहुत अधिक कष्ट से बच जाएंगे।

सामंजस्य और विविधता

हर घटना हर दूसरी घटना पर निर्भर करती है। हालाँकि, हमारा मन धूल के कणों, फूलों और लोगों को अलग–अलग इकाई के रूप में देखता है। अगर हम वास्तव में समझते हैं कि धूल, फूल और मानव व्यक्ति एक दूसरे पर कितने निर्भर हैं, तो विविधता के बिना एकता मौजूद नहीं हो सकती। विविधता एकता है, और एकता विविधता है। एकता विविधता में स्वतंत्र रूप से प्रवेश करती है।

भेदभाव न करने की सलाह

संसार में, हम आम तौर पर द्वैतवादी दृष्टिकोण रखते हैं। हम चीजों को या तो अच्छा या भयानक, सही या गलत के रूप में वर्गीकृत करते हैं। चीजों की गहन अद्वैतवादी प्रकृति को समझना ही भेदभाव न करने की बुद्धि है। इस अर्थ में, दृष्टि अवधारणाओं से परे है। शास्त्रीय विज्ञान की नींव यह विचार है कि एक वस्तुनिष्ठ संसार है जो मन से अलग मौजूद है। हालाँकि, बौद्ध धर्म में, दो चीजें हैं, मन और मन की वस्तुएँ। वे दोनों एक साथ मौजूद हैं और उन्हें अलग नहीं किया जा सकता है। क्वांटम भौतिकी के अनुसार, शोधकर्ताओं को यह एहसास होने लगा है कि उनके विचारों का उन कणों पर प्रभाव पड़ता है जिनका वे अध्ययन कर रहे हैं। मन खुद ही चेतना की वस्तुओं को देखकर उनका निर्माण करता है।

बिना ध्यान दिए अवलोकन करना

एक वृक्ष एक शिल्पी के सामने स्वयं को तब प्रकट करता है, जब वृक्ष और शिल्पी के बीच कोई सम्बन्ध हो । अदि हम पूर्णतया स्वयं में स्थित नहीं हैं या एक पूर्ण मानवतावादी मनुष्य नहीं हैं तो हम अन्य किसी इंसान को देखकर भी नहीं देख पाएंगे। ठीक उसी प्रकार से जैसे हमने वृक्ष को देखा पर उसका कुछ नहीं देख पाए। जब हम स्वयं में गहरे स्थिर हो जाते हैं तो हम अपने आस पास एक सुन्दर परिवेश में रहना सीख जाते हैं।

सामूहिक अंत–र्दृष्टि में योगदान

ध्यान, जो सचेतना से आता है, हमें अपने भाषण और व्यवहार में अंतर्दृष्टि देता है। हम सचेतना और एकाग्रता की सहायता से वास्तविकता की प्रकृति में गहराई से उतरकर गैर–भेदभाव और अंतर–अस्तित्व की अंतर्दृष्टि प्राप्त कर सकते हैं। हमारी बुद्धि संसार के लिए हमारा सबसे बड़ा योगदान है। सचेतन और ध्यानपूर्वक जीने का मतलब है कि हम अंतर्दृष्टि उत्पन्न करना जारी रखते हैं– अपने स्वयं के उपचार, पोषण और मुक्ति के साथ–साथ संसार के उपचार, पोषण और मुक्ति के लिए भी।

संसार और मन की एकता

अक्सर हम बाहरी संसार और अपने मन के आंतरिक संसार के बीच अंतर करने में विफल हो जाते हैं। यह दोनों संसार अलग–अलग नहीं हैं। वे एक ही संसार का हिस्सा हैं। अंदर और बाहर की अवधारणाएँ दैनिक जीवन में उपयोगी हैं, लेकिन वे, उस परम सत्य को देखने के रास्ते में भी खड़ी हो सकती हैं, जो अंदर और बाहर, जन्म और मृत्यु, और अस्तित्व और न होने सहित सभी विपरीत विचारों से परे है। अगर हम अपने मन को करीब से देखें तो हम एक साथ संसार को गहराई से समझ सकते हैं। अगर हम बाहरी वातावरण को समझें तो हम अपने मन को समझ सकते हैं। इसे तंत्रिका विज्ञान में विचार और संसार की एकता के रूप में जाना जाता है।

अजातशत्रु

जब हम अन्याय के शिकार होते हैं, तो हमें पीड़ित लोगों को करीब से देखना चाहिए ताकि हम समझ सकें कि वे भी अपने दर्द, पीड़ा, धोखे और आतंक का अनुभव कर रहे हैं। हमें यह भी ध्यान से परखना चाहिए कि हमारी अपनी राय, बयान या कर्मों ने दूसरे लोगों को हमारे बारे में कैसे प्रभावित किया है और इसने उनके क्रोध या भय को कैसे प्रभावित किया है। समझ के एक निश्चित स्तर के परिणामस्वरूप परिवर्तन होता है। हम दूसरे को शत्रु के रूप में देखना बंद कर देते हैं और इसके बजाय उन्हें ऐसे व्यक्ति के रूप में देखते हैं जिसे हमारी मदद की जरूरत है। परिणामस्वरूप, हम कम पीड़ित होते हैं। यहां तक कि एक मामूली कार्रवाई भी कभी–कभी बड़ा प्रभाव डाल सकती है। यदि हम इस पर अधिक घृणा और हिंसा के साथ प्रतिक्रिया करते हैं तो घृणा और हिंसा का परिणाम होगा, लेकिन करुणा और समावेशिता के साथ हम इस दुष्चक्र को समाप्त कर सकते हैं।

वास्तविकता एक धारणाएं अनेक

हमारे जीवन में होने वाली हर घटना हमारी सामूहिक जागरूकता में एक बीज बोती है। हमारी धारणाओं के लिए आधार के रूप में काम करने वाले पूर्वाग्रह इन बीजों से विकसित हो सकते हैं। एक ही वास्तविकता की लोगों की अलग–अलग व्याख्याएँ हत्या तक का कारण बन सकती हैं। जब हम गलत धारणा पर अड़े रहते हैं तो हम खुद को और दूसरों को नुकसान पहुँचाते रहते हैं।

वास्तविकता को परिपूर्णता में देखना

हम पत्तियों, फूलों और पेड़ों के बीच अंतर करते हैं जो उनके अस्तित्व का आधार बनते हैं, लेकिन वास्तव में, वे सभी एक ही हैं। यही बात प्रकृति और लोगों दोनों के लिए भी सच है। चीनी स्याही चित्रों में प्रकृति को हमेशा बहुत जगह दी जाती है, और लोगों को प्राकृतिक संसार के एक हिस्से के रूप में देखा जाता है। मानवता में कई परंपराएँ हैं जो हमें वास्तविकता को अलग–अलग इकाइयों के बजाय एक पूरे के रूप में देखना सिखाती हैं।

अस्तित्व की धारा

यदि आप करुणा से देखेंगे तो आप अपने सभी पूर्वजों को अपने भीतर देखेंगे, उनके सभी गुणों और अवगुणों के साथ। आप अपने शरीर और चेतना के साथ भी सम्मानपूर्वक व्यवहार करेंगे। हालाँकि, जब तक आप इस धारणा में फंसे रहेंगे कि यह शरीर और यह बुद्धि ही आप हैं, तब तक आप खुद को कम आंकते रहेंगे। आप अपने सभी पूर्वजों के अनुभवों और विश्वासों, साथ ही उनकी प्रतिभाओं और कमियों का परिणाम हैं, जब स्वयं की अवधारणा अब आपका हिस्सा नहीं रह जाती। एक बार जब आप को अस्तित्व की एक सतत धारा के रूप में देख पाएँगे जो आपके पूर्वजों की विरासत को आगे बढ़ाती है, यहाँ तक कि सबसे बुद्धिमान और चतुर लोगों की भी। आपके लिए दूसरों के प्रति सम्मान दिखाना कठिन नहीं होगा।

गलत विचारों को दूर करना

लोग ईसा मसीह, महात्मा गांधी और मार्टिन लूथर किंग जूनियर को खतरनाक मानते थे। यह गलत धारणाओं पर आधारित था, जिससे डर और गुस्सा पैदा हुआ। जब लोग गलतफहमी और डर से भरे होते हैं, तो वे हिंसक काम कर सकते हैं। ईसा मसीह, गांधी और डॉ. किंग जैसे महान आध्यात्मिक नेता मारे जाने पर गुस्सा नहीं थे। उन्हें उन लोगों के प्रति भी दया थी, जिन्होंने उन्हें मारा था, क्योंकि वे जानते थे कि उनके काम गलत धारणा, गुस्से और डर से प्रेरित थे। हमारी संसार को करुणा और समझ की जरूरत है, और माइंडफुलनेस का अभ्यास अधिक समझ और करुणा लाने की कुंजी है। गहराई से देखने पर, हम अपने गलत विचारों को दूर करते हैं, और वहीं से समझ और करुणा पैदा होती है।

हृदयघातो का उपचार करना

जब विवाद सामने आते हैं, तो हमें रुककर अपनी धारणाओं पर विचार करना चाहिए, चाहे वे दो व्यक्तियों, व्यक्तियों के दो समूहों या राष्ट्रों के बीच हों। प्रभावी संचार, करुणामय भाषण और ध्यानपूर्वक सुनने का अभ्यास करके, हम गलत धारणाओं को दूर करने और भय और क्रोध को कम करने में एक–दूसरे की सहायता कर सकते हैं। हिंसा को समाप्त करने, युद्धों को रोकने, आतंकवाद को रोकने और शांति लाने के लिए हम यही कर सकते हैं। हम आतंकवादियों को रोकने के लिए बंदूकों और बमों का उपयोग नहीं कर सकते। यह केवल आतंकवाद को मजबूत करता है और अधिक आतंकवादियों को पैदा करता है। हम सभी में जन्मजात सहानुभूति और समझ होती है। स्वस्थ बीजों को छूकर, आप उनके दैनिक विकास में योगदान करते हैं। आप सहानुभूति और समझ रखकर अपने दिल और संसार के घावों को ठीक कर सकते हैं।

वह अमृत जो चंगा करता है वह है प्रेम

प्रेम हमें उन चीजों को समझने की क्षमता देता है जो इसके बिना अदृश्य हैं। करुणामयी आँखें समझदार आँखें भी होती हैं। ज्ञान के स्रोत से निकलने वाला प्यारा पानी करुणा है। भय, घृणा और क्रोध के लिए आवश्यक उपाय आत्मनिरीक्षण का अभ्यास करना है।

पर्यावरण में सुधार

जब हम किसी व्यक्ति का बारीकी से निरीक्षण करते हैं, तो हम पाते हैं कि वे जितने तत्वों पर हम आमतौर पर विचार करते हैं, उससे कहीं अधिक तत्वों से बने होते हैं। इनमें व्यक्ति के माता–पिता, वंश, शिक्षा, संस्कृति और समाज शामिल हैं। यदि हम इन सभी घटकों को नहीं देखते हैं, तो हमने उस व्यक्ति को उसके संपूर्ण रूप में नहीं देखा है। किसी व्यक्ति के नकारात्मक व्यवहार की प्रवृत्ति का यह मतलब नहीं है कि उसे यह पसंद है, बल्कि, यह सुझाव देता है कि वे संक्रमण का लक्ष्य हो सकते हैं। उन्हें ये बुरे गुण अपने माता–पिता, अपनी संस्कृति या अपने समुदाय से विरासत में मिले हो सकते हैं। हम उन्हें जज नहीं करते क्योंकि हम यह समझते हैं। बल्कि, हम पर्यावरण, शिक्षा और समाज को बदलने के लिए प्रेरित होते हैं ताकि अगली पीढ़ी के साथ भी ऐसा ही न हो।

हमारे हर पूर्वज

हम अपने पूर्वजों के बारे में अच्छी तरह से जानते हैं। हालाँकि, हमारे पूर्वज सिर्फ इंसान नहीं हैं। हमारे पूर्वज तीन समूहों में विभाजित हैं पौधे, जानवर और खनिज। हमारे पूर्वज बहुत कम उम्र के इंसान थे। हम जीवन के विकास में कुछ देर से पृथ्वी पर आए। हम अभी भी अपने पशु पूर्वजों के साथ विशेषताएँ साझा करते हैं। संसार में अभी भी मछलियाँ, वानर और सरीसृप हैं। वे न केवल अतीत में हमारा हिस्सा थे, बल्कि वे अब भी हमारा हिस्सा हैं। हमारी कोशिकाओं को करीब से देखने पर पता चलता है कि हम जीवन के इतिहास की संपूर्णता हैं।

जीवन की धारा

अपने शरीर की जांच करें। आप सीखेंगे कि आप एक निरंतर बहने वाली धारा हैं – जीवन की धारा – न कि हर चीज से अलग, एक अलग आत्मा। आप अपने शरीर से ब्रह्मांड, अनंत अंतरिक्ष और अंतहीन समय के बारे में जानने के लिए सब कुछ सीख सकते हैं। आप महसूस करेंगे कि वर्तमान में अनंत काल की संपूर्णता समाहित है, जिसमें अतीत और भविष्य शामिल हैं, और यह कि यहाँ भी वहाँ है। अनंत काल के हर पल का अनुभव किया जा सकता है। सूरज, चाँद, तारे और ब्लैक होल सभी रेत के एक दाने के अंदर आराम से समा सकते हैं।

अंतिम वास्तविकता

अस्तित्व और अअस्तित्व की अवधारणाएँ, साथ ही जन्म और मृत्यु, सभी हमारे मन की उपज हैं। जब हम जागरूकता और ध्यान के साथ बादल को देखते हैं तो हम उसके अजन्म और अमृत्यु स्वभाव को छू सकते हैं। बादल अब हमारी कल्पना की रचना नहीं है अब हम उसे वैसा ही देख सकते हैं जैसा वह है। जन्म और मृत्यु, अस्तित्व और अअस्तित्व, आना और जाना, और समान और भिन्न जैसी मानसिक अवधारणाएँ परम सत्य से अनुपस्थित हैं।

कुछ खोया नहीं है

संकेतहीनता की आँखों से देखने से आप किसी व्यक्ति के शारीरिक रूप को देख पाएंगे। यदि आप उसे संकेतहीनता की आँखों से देख सकते हैं तो आप दुखी नहीं होंगे जब वह रूप गायब हो जाएगा। क्योंकि आपका प्रिय अभी भी वहाँ है, कहीं न कहीं, भले ही वह रूप गायब हो जाए। कुछ खोया नहीं था। अगर हमारे पास यह नहीं है तो हमारे पास एक और रूप है। सारा स्थान आपके शरीर, उपस्थिति और चेतना से भरा हुआ है। समय में कोई बाद नहीं है, हम सभी मर जाते हैं। हम माइंडफुलनेस और एकाग्रता के लिए पर्याप्त ऊर्जा उत्पन्न करके प्राप्त कर सकते हैं।

प्रकृति की प्रज्ञा

जब हम घास के एक तिनके की बारीकी से जांच करते हैं तो प्रकृति की बुद्धि का निरीक्षण करते हैं। यह अपने आप में बुद्धिमान है। एक बीज एक ऐसे पौधे के रूप में विकसित हो सकता है जिसमें फल, पत्ते और फूल होते हैं। एक देवदार के पेड़ में जानने की भावना होती है और यह केवल पदार्थ से अधिक है। धूल के कण में प्रत्येक परमाणु बुद्धि के साथ एक जीवित वास्तविकता है। हमारे शरीर की हर एक कोशिका की तरह हर चीज में अंतर्निहित प्रज्ञा होती है। असीम ज्ञान और समझ होने के अलावा, धरती माता जीवन का निर्माण, पोषण और समर्थन करती है।

पर्यावरण के प्रहरी

क्योंकि हम मानते हैं कि मनुष्य अन्य जानवरों की तुलना में अधिक महत्वपूर्ण हैं, हम अक्सर गैर–मनुष्यों के साथ भेदभाव करते हैं। गैर–मानव घटक जैसे पौधे, खनिज, गंदगी, बादल और सूरज की रोशनी पूरी मानवता का निर्माण करते हैं। यह देखते हुए कि मनुष्यों में आत्म बोध की कमी है, हम यह निष्कर्ष निकाल सकते हैं कि पर्यावरण की रक्षा करना–जिसमें गैर–मानव तत्व शामिल हैं–मानवता की रक्षा करना भी है। यदि हम चाहते हैं कि हमारा अभ्यास वास्तविक और गहरा हो तो हमें पारिस्थितिकी को शामिल करना चाहिए। यदि पारिस्थितिकी तंत्र नष्ट हो जाता है तो मनुष्य भी नष्ट हो जाएंगे। पर्यावरण की देखभाल करना यह सुनिश्चित करने का सबसे अच्छा तरीका है कि लोग वास्तव में स्वस्थ और आरामदायक हों। जानवरों, पौधों और खनिजों–चट्टानों, मिट्टी, नदियों और महासागरों के जीवन की रक्षा किए बिना मानव जीवन की रक्षा करना संभव नहीं है।

अंगूर के बारे में सोचना

अगली बार जब आप अंगूर खाते हैं तो कृपया अपने हाथ की हथेली में एक अंगूर पकड़ें और इसे इस तरह से देखें जिससे यह वास्तविक लगे। इसमें ज्यादा समय नहीं लगता है। कुछ ही सेकंड में जब आप इसे देखते हैं तो एक सुंदर पेड़, एक फूल, सूरज, बारिश और छोटे–छोटे फल सभी दिखाई देते हैं। आप देख सकते हैं कि कैसे बारिश और धूप गिरती रहती है, साथ ही साथ कैसे अंगूर की बेल पूरी तरह से अंगूर में विकसित होता है। आप अंगूर के पकने और मीठा होने के साथ–साथ अंगूर के हरे रंग को देख सकते हैं। जब आप इस तरह से अंगूर को देखते हैं, तो आप देखेंगे कि उनमें ब्रह्मांड में सब कुछ है। अंगूर को सूंघकर और चखकर आप बहुत खुश हो सकते हैं। आप सूरज की मिठास का स्वाद ले सकते हैं।

भोजन की जागरूकता

यह निर्धारित करने के लिए कि क्या भोजन और पेय हमारे लिए स्वस्थ हैं और क्या उनके सेवन से नुक्सान होगा या करुणा बढ़ेगी, हम मेज पर व्यंजनों की जांच कर सकते हैं और खाने से पहले कुछ गहरी सांस ले सकते हैं। हम सभी यह देखने के लिए जाँच कर सकते हैं कि क्या हम अपनी अंतरतम इच्छाओं की पहचान कर सकते हैं। क्या इसके कोई स्वास्थ्य लाभ हैं? क्या यह हमें खुश करता है या अधिक दुखी करता है? क्योंकि जो पोषण हमारे जीवन और हमारी चेतना को बनाए रखता है, वही हमारी आंतरिक इच्छा है। यह देखने के लिए कि हम कैसे विकास करते हैं, हमें बारीकी से जांच करनी चाहिए। हमारा भोजन, ताकि हम इसका सेवन उन तरीकों से कर सकें जो हमारे सामान्य स्वास्थ्य को बनाए रखते हैं। हमारी अपनी और अन्य प्रजातियों दोनों की पीड़ा को कम करें और ग्रह को एक स्रोत बने रहने दें।

गूढ़ सत्य

हम इस वास्तविकता के बारे में अधिक जागरूक हो सकते हैं कि हम एक सुंदर ग्रह पर रहते हैं जिसके लिए आत्मनिरीक्षण के अभ्यास में संलग्न होकर हमारी देखभाल की आवश्यकता होती है। इस कारण से, जागृति, या ज्ञान, महत्वपूर्ण है। अगर हम अपना दैनिक जीवन जागरूकता के साथ जीते हैं। सोच समझकर सैर करें। हम प्यार करने वाले और दयालु होते हैं, तो हम एक चमत्कार करते हैं और संसार को एक सुंदर जगह बनाते हैं। हम आशान्वित हैं क्योंकि हममें से प्रत्येक के भीतर जागने का रोगाणु होता है। हम जो कुछ भी करते हैं उसका लक्ष्य सामूहिकता को जगाना होना चाहिए।

अभ्यास

1. ध्यान के साथ सहायता

श्वसन के प्रति जागरूकता ध्यान की मूल तकनीक है। शरीर और मन के बीच का संबंध सचेत श्वास है। हम अपने विचारों को अपने शरीर में वापस ला सकते हैं और अपनी श्वास पर ध्यान केंद्रित करके वास्तविक उपस्थिति और जीवंतता का अनुभव कर सकते हैं। जब सांस लेने की सावधानी का अभ्यास किया जाता है तो शरीर और मन शांत और शांति से रहते हैं। हम अधिक स्पष्ट रूप से देख सकते हैं जब हमारे शरीर और मन सहज होते हैं। ध्यान का आनंद हमें पोषण दे सकता है और हमें उन चमत्कारों से जुड़ने में मदद कर सकता है जो हमारे अंदर और बाहर दोनों जगह मौजूद हैं।

2. ध्यान में बैठने के दौरान

कुर्सी या कुशन पर अपनी पीठ को सीधा रखते हुए बैठने के लिए एक शांतिपूर्ण स्थान का पता लगाएं, लेकिन कठोर नहीं। अपने शरीर को जागरूकता में लाएं। आप हल्के से मुस्कुराकर अपने चेहरे, कंधों और पूरे शरीर की मांसपेशियों को आराम दे सकते हैं। अपनी सांसों पर ध्यान दें। प्रत्येक साँस लेने और छोड़ने के साथ, अपने पेट को धीरे–धीरे बढ़ते और डूबते हुए महसूस करें। यदि आपके विचार भटक जाते हैं, तो धीरे–धीरे उन्हें अपनी सांसों में वापस लाएं। आप इनके साथ निर्देशित ध्यान का अभ्यास कर सकते हैं। आपकी साँस लेना और छोड़ना क्रमशः पहली और दूसरी पंक्तियों के साथ होता है।

साँस लेते हुए, मुझे पता है कि मैं साँस ले रहा हूँ।
सांस छोड़ते हुए, मुझे पता है कि मैं सांस ले रहा हूं।
साँस लेते हुए, मैं अपनी सारी साँस लेता हूँ

के माध्यम से।
साँस छोड़ते हुए, मैं अपनी पूरी साँस लेता हूँ
के माध्यम से।
साँस लेते हुए, मेरी साँस गहरी हो जाती है।
साँस छोड़ते हुए, मेरी साँस धीमी हो जाती है।
साँस लेते हुए, मैं अपने पूरे शरीर को आराम देता हूँ।
साँस छोड़ते हुए, मैं अपने शरीर की हर कोशिका पर मुस्कुराता हूँ।

3. श्वसन

यह जानना कि हमारे शरीर में तनाव और दर्द को कैसे दूर किया जाए, हमें स्पष्ट रूप से देखने और कार्य करने की अनुमति देता है। सचेत श्वास का उपयोग करना। जब हमारा शरीर और मन एक साथ काम करते हैं, तो हम वर्तमान में अधिक जमीन से जुड़े होते हैं और जीवन की चुनौतियों से निपटने के लिए अधिक सुसज्जित होते हैं। ध्यानपूर्वक साँस लेने से स्वास्थ्य में वृद्धि होती है। हम एक ही सांस में अपने आंतरिक तनाव की पहचान कर सकते हैं और उसे छोड़ सकते हैं। जैसे ही मैं साँस लेता हूँ, मैं अपने पूरे शरीर के प्रति सचेत रहता हूँ। मैं अपने शरीर के सभी तनाव को छोड़ते हुए साँस छोड़ता हूँ। साँस लेते हुए, मैं अपने विचारों के प्रति सचेत रहता हूँ। मैं अपनी सांस छोड़ता हूं और आराम करता हूं।

4. रोजमर्रा के जीवन में विश्वास

हमारे उपचार और परिवर्तन का एक प्रमुख घटक माइंडफुलनेस है। सचेत रहने का अर्थ है किसी चीज के बारे में निरंतर जागरूक रहना। हमारे पास अपने विचारों, अपने कार्यों, अपनी सांसों और अपने पैरों पर ध्यान देने की क्षमता है। माइंडफुलनेस का अभ्यास करने के लिए, हमें जो कुछ भी कर रहे हैं, उस पर पूरी तरह से ध्यान केंद्रित करना चाहिए, चाहे वह सांस लेना हो, चलना हो, अपने दांतों को ब्रश करना हो, या नाश्ता करना हो। हम अपने आस–पास की पृथ्वी की सुंदरता की बेहतर सराहना कर सकते हैं जब हम अपनी सांस लेने और हमारी गतिविधियों पर ध्यान केंद्रित करते हैं। हम अपनी हर सांस और कदम के लिए सचेत और आभारी हो सकते हैं।

5. ध्यान में चलने के दौरान

ध्यान केंद्रित करके सांस लेने और ध्यानपूर्वक चलने का अभ्यास करने से खुशी में काफी वृद्धि हो सकती है। शांत, आराम से चलना आपके शरीर और मन के लिए अच्छा है। अपनी सांसों और अपनी गतिविधियों से खुद को पोषित होने दें। जब आप टहलते हैं तो पहचानें कि आप चल रहे हैं। कहीं भी जाने के बारे में न सोचें। हम जहाँ भी जाते हैं वहाँ चलने के ध्यान में संलग्न हो सकते हैं। हमें अक्सर एक कमरे से दूसरे कमरे में जाने के लिए, बस स्टॉप से घर तक, या ऑटोमोबाइल से कार्यालय तक जाने के लिए पूरे दिन पैदल चलना पड़ता है। पहचानें कि आप वास्तविक संसार में कदम रख रहे हैं। बस इसे स्वीकार करें जैसे ही यह होता है और कहें, "हैलो, मेरी जलन, मुझे पता है कि आप वहाँ हैं"। हैलो और अलविदा कहें ।